¡Qué chévere!

Second Edition

Level 2

Grammar and Vocabulary

Paul J. Hoff

Nuria Ibarrechevea Hoff

A division of Carnegie Learning, Inc.

PITTSBURGH, PA – ST. PAUL, MN

Publisher
Alex Vargas

Director of Content Development
Kristin Hoffman

Spanish Editor
Gustavo Vargas

Production Manager
Bob Dreas

Senior Designer & Production Specialist
Jaana Bykonich

ISBN 978-1-53384-997-7

875 Montreal Way
St. Paul, MN 55102
E-mail: info@carnegielearning.com
Web site: www.emcschool.com

Printed in the United States of America

28 27 26 25 24 23 22 21 20 19 2 3 4 5 6 7 8 9 10

Table of Contents

Nombre: ______________________ Fecha: ______________

Unidad 1

Lección A

1 Indicate with what frequency you use the following items.

el cargador	mucho	a veces	muy poco	nunca
el celular	mucho	a veces	muy poco	nunca
el e-mail	mucho	a veces	muy poco	nunca
Internet	mucho	a veces	muy poco	nunca
la tableta	mucho	a veces	muy poco	nunca

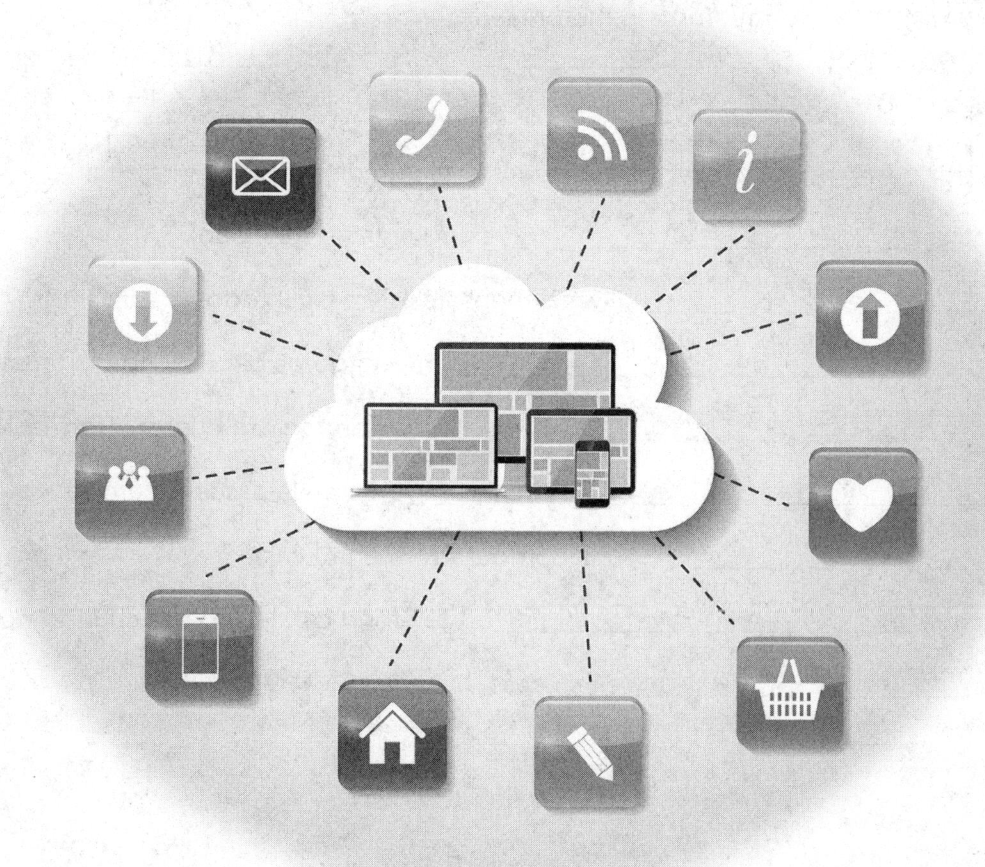

Nombre: ______________________________ Fecha: ______________

Repaso rápido: The present tense

Regular verbs are conjugated as follows in the present tense:

mirar:	mir**o**, mir**as**, mir**a**, mir**amos**, mir**áis**, mir**an**
correr:	corr**o**, corr**es**, corr**e**, corr**emos**, corr**éis**, corr**en**
escribir:	escrib**o**, escrib**es**, escrib**e**, escrib**imos**, escrib**ís**, escrib**en**

Some verbs are irregular in the present tense:

ser:	soy, eres, es, somos, sois, son
estar:	estoy, estás, está, estamos, estáis, están
ir:	voy, vas, va, vamos, vais, van
tener:	tengo, tienes, tiene, tenemos, tenéis, tienen
hacer:	hago, haces, hace, hacemos, hacéis, hacen

2 Complete each of the following sentences by choosing the appropriate verb from the list and writing the correct form in the present tense.

navegar	escribir	hacer	tener	leer
ser	estar	ir	hablar	usar

1. Nosotros ______________ estudiantes de español.
2. Yo ______________ mis mensajes de e-mail todos los días.
3. Mis amigos ______________ computadoras para escribir la tarea.
4. Mi hermano ______________ por Internet para buscar información.
5. Yo ______________ las computadoras de la escuela pero tú ______________ una computadora en tu casa.
6. Mi amiga ______________ un teléfono celular. Lo usa cuando no ______________ en su casa.

Nombre: ______________________ Fecha: ____________

3 Answer the following questions about your family in complete sentences.

1. ¿Tienen Uds. una tableta? ¿Quién la usa más?

   ____

2. ¿Quién tiene un teléfono celular?

   ____

3. ¿Tienen Uds. una computadora en casa? ¿En qué cuarto está?

   ____

4. ¿Quién escribe y recibe más mensajes de e-mail?

   ____

5. ¿Cuál es tu dirección de e-mail?

   ____

6. ¿Tienen Uds. una tableta?

   ____

7. ¿Cuál es tu aplicación favorita? ¿Por qué?

   ____

4 Use both new and previously learned vocabulary to write five statements about your use of technology. Be sure to consider the different devices you use, the frequency with which you use them, and your reasons for doing so.

1. ______________________
2. ______________________
3. ______________________
4. ______________________
5. ______________________

Nombre: ______________________ Fecha: ______________

Repaso rápido: Present tense of verbs with irregularities

Do you remember the present-tense formation of the following stem-changing verbs?

empezar: emp**ie**zo, emp**ie**zas, emp**ie**za, empezamos, empezáis, emp**ie**zan
repetir: rep**i**to, rep**i**tes, rep**i**te, repetimos, repetís, rep**i**ten
dormir: d**ue**rmo, d**ue**rmes, d**ue**rme, dormimos, dormís, d**ue**rmen

Other verbs that show such changes include:

e → ie	**e → i**	**o/u → ue**
cerrar	conseguir	colgar
encender	pedir	contar
nevar	seguir	costar
pensar		encontrar
preferir		jugar
querer		llover
sentir		poder
		volver

5 Choose from the infinitives listed below and provide their correct forms in order to complete the following paragraph.

jugar	llover	encontrar	preferir
nevar	pensar	poder	encender

En el invierno (1) ______________ mucho en mi ciudad. Hace frío pero los niños (2) ______________ en la nieve. Yo (3) ______________ estar en casa con mis amigos. En casa, ellos y yo (4) ______________ estudiar y hablar por horas. En la primavera la temperatura es mejor pero (5) ______________ a veces. Mi hermanita (6) ______________ que la primavera es la estación más bonita porque (7) ______________ al béisbol con sus amigos en el parque.

Nombre: ______________________________ Fecha: ______________

6 Form logical sentences with the information provided.

yo	jugar	la comida en el restaurante
tú	seguir	la clase
Ud.	dormir	e-mails
la profesora	pedir	una bicicleta nueva
Elena	enviar	pocas horas
nosotros	volver	en la familia
mis tíos	empezar	al golf en el verano
Uds.	pensar	a casa después de la escuela
mis amigos y yo	querer	conectada a Internet

1. ______________________________
2. ______________________________
3. ______________________________
4. ______________________________
5. ______________________________
6. ______________________________
7. ______________________________
8. ______________________________
9. ______________________________

Nombre: ______________________ Fecha: __________

Repaso rápido: The present progressive

The present progressive tense is used to say what is going on at a given time. To form this tense, use the present tense of *estar* plus the present participle *(gerundio)* of a verb.

Estoy hablando por teléfono y mi hermana está escribiendo la tarea.

In most cases the present participle is formed by replacing the infinitive ending *-ar* with *-ando* and the infinitive endings *-er* and *-ir* with *-iendo.*

navegar → *navegando* *correr* → *corriendo* *escribir* → *escribiendo*

Some present participles are irregular. They include:

dormir → *durmiendo*
pedir → *pidiendo*
sentir → *sintiendo*
traer → *trayendo*
decir → *diciendo*
leer → *leyendo*
oír → *oyendo*
venir → *viniendo*

7 Change the following sentences from the present tense to the present progressive tense.

1. Mis amigos comen en la cafetería.

____

2. Nosotros leemos el periódico.

____

3. Mi hermana oye las noticias en la radio.

____

4. Carlos duerme en el sofá.

____

5. Tú hablas por el teléfono celular.

____

Nombre: ________________________________ Fecha: ______________

8 Combine information from each column to form logical sentences about what people continue to do.

MODELO: Yo sigo buscando páginas web.

nosotros		navegar	por teléfono
yo		oír	la radio
Ana	seguir	buscar	información
mis amigos		escribir	en la computadora
tú		hablar	en Internet
Ud.		encontrar	páginas web

1. ______________________________
2. ______________________________
3. ______________________________
4. ______________________________
5. ______________________________
6. ______________________________

9 Form original sentences using the present progressive tense (the present tense of *estar* or sometimes *seguir* plus the present participle *[gerundio]* of a verb) to say what people are doing at different times of the day. Be sure to use activities that are logical for the different people and times.

1. yo / 7:00 A.M.

   ____

2. mis amigos y yo / 11:30 A.M.

   ____

3. mi profesora favorita / 1:00 P.M.

   ____

4. mis amigas / 9:00 P.M.

   ____

Nombre: ______________________________ Fecha: ______________

Repaso rápido: *Ir a*

Remember to use the present tense of *ir* followed by *a* and an infinitive to talk about what is or is not going to happen in the near future.

ir + a + infinitivo

10 Form complete sentences, using *ir + a* and the information provided.

MODELO: Rafael / escribir e-mails a sus amigos
Rafael va a escribir e-mails a sus amigos.

1. María y su padre / viajar por todo el mundo

   ____

2. Tomás / navegar por Internet toda la tarde

   ____

3. Sofía y yo / enviar un e-mail a México ahora

   ____

4. tú / hablar por celular con tus padres esta noche

   ____

5. Daniel y Santiago / buscar vínculos para su tarea de ecología

   ____

6. yo / jugar videojuegos con mis amigos esta tarde

   ____

7. Uds. / montar en patineta al parque el fin de semana

   ____

Nombre: ______________________________ Fecha: ______________

11 Complete each sentence with an expression from the list provided.

seguir	la web	aplicaciones
chatear	los mensajes de texto	
bajar	la contaminación ambiental	

1. En mi celular tengo diferentes ______________________________.
2. A mi hermana le encanta ______________________________ con sus amigos.
3. WWW representa ______________________________.
4. ______________________________ es un tema importante de la ecología.
5. Necesito ______________________________ una nueva aplicación.
6. ______________________________ ayudan a comunicarse rápidamente.
7. Me importa ______________________________ el blog sobre la contaminación ambiental.

12 Answer the following questions regarding your use of technology.

1. ¿Cuál es tu aplicación favorita en tu celular?

____

2. ¿Cuál es tu navegador de Internet favorito?

____

3. ¿Es la red de Internet en tu casa rápida o lenta?

____

4. ¿Cuál es el mejor modelo de celular para ti?

____

5. ¿A quién envías mensajes de texto todos los días?

____

6. ¿Dónde prefieres bajar música, en tu computadora o en tu celular?

____

7. ¿Cuál es el vínculo de Internet de tu escuela?

____

8. ¿Chateas en tu celular, tu tableta o en tu computadora?

____

Nombre: ______________________ Fecha: __________

Repaso rápido: The preterite tense

Regular verbs are conjugated as follows in the preterite tense:

hablar: hablé, hablaste, habló, hablamos, hablasteis, hablaron
correr: corrí, corriste, corrió, corrimos, corristeis, corrieron
vivir: viví, viviste, vivió, vivimos, vivisteis, vivieron

Certain *-ir* verbs require a stem change in the third-person singular and plural forms. They include:

*dormir (ue, **u**): dormí, dormiste, d**u**rmió, dormimos, dormisteis, d**u**rmieron*
*pedir (i, **i**): pedí, pediste, p**i**dió, pedimos, pedisteis, p**i**dieron*
*preferir (ie, **i**) preferí, preferiste, pref**i**rió, preferimos, preferisteis, pref**i**rieron*

Other verbs require a spelling change in the *yo* form:

buscar → *bus**qu**é*
pagar → *pa**gu**é*
empezar → *empe**c**é*

13 Combine items from each column to say what different people did last summer.

yo	bajar	a los tíos
tú	ir	a otro estado
Ud.	tener	un viaje
mi amiga	dormir	muchas horas
nosotros	visitar	una fiesta
mis amigos	hacer	a los abuelos
Uds.	escribir	un programa

1. ______________________
2. ______________________
3. ______________________
4. ______________________
5. ______________________
6. ______________________
7. ______________________

Nombre: ______________________ Fecha: ____________

14 Write seven original statements about what you and other family members did last summer.

1. ______________________
2. ______________________
3. ______________________
4. ______________________
5. ______________________
6. ______________________
7. ______________________

15 Read the advertisement and then answer the following questions in Spanish in complete sentences.

El teléfono inteligente modelo X30 es perfecto para los jóvenes. Pequeño y rápido, es el celular para todos los días y todos los usos. Con el X30 vas a poder hacer llamadas, chatear, navegar, conectarte con redes sociales y mucho más. Y ahora hay ofertas especiales que incluyen un cargador y un protector de pantalla. ¡Es el momento ideal para comprar!

1. ¿Qué producto anuncia?

   ____

2. Si compras el modelo X30, ¿qué vas a poder hacer?

   ____

3. ¿Por qué es el momento ideal para comprar?

   ____

4. ¿Qué incluyen las ofertas?

   ____

5. ¿Cuándo compraste o recibiste tu último teléfono celular?

   ____

6. ¿Estás pensando en comprar un teléfono célular nuevo? ¿Por qué?

   ____

Nombre: ______________________________ Fecha: ______________

Lección B

1 Match the items from the two columns.

1. ______	dar un paseo	A.	de compras
2. ______	nadar	B.	el bote
3. ______	navegar	C.	la piscina
4. ______	esquiar	D.	la familia
5. ______	ir	E.	por Internet
6. ______	visitar	F.	la nieve

2 Answer the following questions in complete sentences.

1. ¿Adónde viajaste en las vacaciones pasadas?

   ____

2. ¿Qué hiciste en las últimas vacaciones?

   ____

3. ¿Qué países en el mundo hispanohablante te gustaría visitar?

   ____

4. ¿Te gusta ir de camping? ¿Por qué?

   ____

5. Para hacer un picnic, ¿qué comidas y bebidas prefieres?

   ____

6. ¿Qué piensas de ir de crucero?

   ____

Nombre: ______________________________ Fecha: ______________

Repaso rápido: Preterite tense of irregular verbs

Other common irregular verbs in the preterite tense include:

dar: di, diste, dio, dimos, disteis, dieron
decir: dije, dijiste, dijo, dijimos, dijisteis, dijeron
estar: estuve, estuviste, estuvo, estuvimos, estuvisteis, estuvieron
hacer: hice, hiciste, hizo, hicimos, hicisteis, hicieron
ir: fui, fuiste, fue, fuimos, fuisteis, fueron
ser: fui, fuiste, fue, fuimos, fuisteis, fueron
tener: tuve, tuviste, tuvo, tuvimos, tuvisteis, tuvieron
ver: vi, viste, vio, vimos, visteis, vieron

3 Complete each of the following sentences with the preterite tense of the verbs in parentheses.

1. Jairo y Piedad ______________________ un paseo en bote. (dar)
2. Yo ______________________ de crucero por el Caribe. (ir)
3. Tú ______________________ de picnic el fin de semana pasado. (ir)
4. Mi hermano y yo ______________________ noticias de nuestros amigos de Colombia. (tener)
5. Camila ______________________ en un camping con su familia. (estar)
6. Uds. ______________________ buenos estudiantes el año pasado. (ser)
7. Ellos ______________________ las fotos de las vacaciones de Jairo. (ver)
8. Ernesto ______________________ varios chismes a sus amigos. (decir)
9. Jorge y tú ______________________ un picnic en el parque el sábado pasado. (hacer)
10. Mis padres no ______________________ tiempo para hacer la maleta ayer. (tener)
11. Elena ______________________ muchas películas en el crucero. (ver)
12. Yo ______________________ un paseo en bote anteayer con mi prima Julia. (dar)
13. Mis abuelos ______________________ en Puerto Rico el año pasado. ¡Les gustó mucho! (estar)
14. Nuestros padres nos ______________________ las malas noticias esta mañana: no vamos de vacaciones este año. (decir)
15. ¿Cuándo ______________________ a México Alejandra? (ir)

Nombre: ______________________________ Fecha: ______________

Repaso rápido: Negative and affirmative expressions

Do you remember the following affirmative and negative words?

Expresiones negativas	Expresiones afirmativas
no	sí
nada	algo
nadie	alguien
ningún, ninguna	algún, alguna
nunca	siempre
tampoco	también
todavía no	ya
ya no	todavía

Sentences in Spanish may include more than one negative. For example, if *no* is used before the verb, then other negative words may follow.

Nunca lavo el carro. *No lavo el carro nunca.*

4 Make the affirmative statements negative and the negative statements affirmative.

1. Siempre estudiamos los viernes por la noche.

   ____

2. Hay algo interesante en la televisión.

   ____

3. Yo conozco a alguien de Chile.

   ____

4. No tengo ninguna información sobre Venezuela.

   ____

5. María no está en clase y su hermano tampoco está.

   ____

Nombre: ______________________ Fecha: ______________

5 The following words for clothing items have their letters in the wrong order. Put the letters in the appropriate order to spell the words correctly.

1. adsilansa ______________________
2. rroag ______________________
3. fgaas ed ols ______________________
4. estin ______________________
5. rsthos ______________________
6. musberda ______________________

6 Use both new and previously learned vocabulary to list two logical items of clothing for each of the following activities and locations.

1. tomar el sol en la playa ______________________
2. jugar al voleibol en el parque ______________________
3. esquiar en las montañas ______________________
4. bailar en una fiesta formal ______________________
5. ir de compras en el centro comercial ______________________
6. ir de crucero en el Caribe ______________________
7. dar un paseo en la primavera en el parque ______________________
8. dar un paseo en coche en la ciudad ______________________
9. ir a un concierto en el centro ______________________
10. ir de camping en Costa Rica ______________________

Nombre: ______________________________ Fecha: ______________

Repaso rápido: Direct and indirect object pronouns

The following charts list the direct and indirect object pronouns:

los pronombres de complemento directo		**los pronombres de complemento indirecto**	
me	nos	me	nos
te	os	te	os
lo	los	le	les
la	las		

In Spanish, object pronouns usually are placed before conjugated verbs. However, they also can be attached to an infinitive or a present participle.

Mi maestra me va a ayudar con la tarea. → *Mi maestra va a ayudarme con la tarea.*

Le escribo un e-mail a mi amiga. → *Estoy escribiéndole un e-mail a mi amiga.*

7 Answer the following questions about household chores. Be sure to use a direct object pronoun in each response.

MODELO: ¿Cocinas la cena?
Sí, la cocino.

1. ¿Lavas los platos?

____

2. ¿Sacas la basura?

____

3. ¿Haces las camas?

____

4. ¿Lavas la ropa?

____

5. ¿Vas a limpiar la casa mañana?

____

Nombre: ______________________ Fecha: ____________

8 Answer the following questions about gift giving in your family. Be sure to use an indirect object pronoun in each response.

MODELO: ¿Quién te da muchos regalos?
Mi hermana me da muchos regalos.

1. ¿Quién te da pocos regalos?

____

2. ¿A quién le das muchos regalos?

____

3. ¿Qué le vas a dar a tu tío para su cumpleaños?

____

4. ¿Quién les compra a Uds. ropa?

____

5. ¿A quién le das un regalo especial?

____

Nombre: ______________________ Fecha: ____________

Repaso rápido: Using direct and indirect object pronouns together

When a sentence has two object pronouns, the indirect object pronoun is placed before the direct object pronoun. Such pronouns generally are placed before a conjugated verb, but also may be attached to an infinitive or a present participle.

Te la compro.	I buy it *(la camiseta)* for you.
Te la voy a comprar. *Voy a comprártela.*	I am going to buy it *(la camiseta)* for you.

Be sure to change the indirect object pronouns *le* and *les* to *se* when they are followed by *lo, la, los* or *las.*

Voy a comprarle la camisa.	→	*Se la voy a comprar.*
Le escribo el mensaje a Luisa.	→	*Se lo escribo (a ella).*

9 Use the information given to form logical sentences with two object pronouns.

MODELO: yo / escribir / la carta / Juan
Yo se la escribo.

1. nosotros / preparar / la presentación / Uds.

____

2. tú / dar / la información / nosotros

____

3. yo / traer / el libro / tú

____

4. mi amiga / escribir / las ideas / yo

____

5. la profesora / explicar / la lección / al estudiante

____

Nombre: ______________________________ Fecha: ______________

Unidad 2

Lección A

1 Put the following activities in the order in which you do them during a typical day. Do only the ones that apply to you.

1. ______ peinarse o cepillarse
2. ______ ducharse o bañarse
3. ______ acostarse
4. ______ vestirse
5. ______ levantarse
6. ______ afeitarse
7. ______ maquillarse

2 Choose the word that doesn't belong in each series.

1.	cepillo	champú	peine	maquillaje
2.	pelo	jabón	desodorante	crema de afeitar
3.	desodorante	lavabo	tina	grifo
4.	ponerse	quitarse	cepillo	maquillaje
5.	inodoro	grifo	lavabo	peine

3 Match each item in the left column with one action in the right column.

1. ______ el espejo	A. lavarse las manos
2. ______ el lavabo	B. vestirse
3. ______ el champú	C. mirarse
4. ______ la crema	D. peinarse
5. ______ el peine	E. ducharse
6. ______ la ropa	F. afeitarse

Nombre: ______________________ Fecha: ______________

Repaso rápido: Reflexive verbs

A reflexive verb has se attached to the end of the infinitive. The *se* is a reflexive pronoun and indicates that the doer of the action also receives the action. For example, *mirar* means to look at someone or something while *mirarse* means to look at oneself. Reflexive verbs are conjugated with the same endings as nonreflexive verbs. However, each subject has a corresponding reflexive pronoun.

levantarse

yo	**me**	levant**o**	nosotros nosotras	**nos**	levant**amos**
tú	**te**	levant**as**	vosotros vosotras	**os**	levant**áis**
Ud. él ella	**se**	levant**a**	Uds. ellos ellas	**se**	levant**an**

4 Answer the following questions about your family members.

1. ¿Quién se levanta más temprano?

____

2. ¿Quién se acuesta más tarde?

____

3. ¿Quién se afeita todos los días?

____

4. ¿Quién se viste con ropa formal?

____

5. ¿Quién se maquilla todos los días?

____

Nombre: ______________________________ Fecha: ______________

5 Combine items from each column in order to form logical sentences.

yo	acostarse	muy temprano
mi hermano	levantarse	muy tarde
mi hermana	ducharse	por la mañana
mis tíos	despertarse	por la noche
tú	vestirse	todos los días
mi familia y yo		

1. ______________________________
2. ______________________________
3. ______________________________
4. ______________________________
5. ______________________________
6. ______________________________

6 Use the following verbs in the present tense to say at what time you do different things on a typical day.

vestirse	ducharse	despertarse	levantarse

MODELO: Me despierto a las seis de la mañana.

1. ______________________________
2. ______________________________
3. ______________________________
4. ______________________________

Nombre: ______________________________ Fecha: ______________

Repaso rápido: The word *se*

In Spanish you can make general statements about what is done or what people do by combining *se* with the *él/ella/Ud.* or *ellos/ellas/Uds.* form of a verb. The subject (which may come before or after the verb) determines whether the verb is singular or plural.

Se sirve comida mexicana aquí.	Mexican food is served here.
Se venden apartamentos en la playa.	Beach apartments are for sale.

7 Match each announcement from the left column with one logical location in the right column.

1. ______ Se habla español.
2. ______ Se arreglan carros.
3. ______ Se vende fruta fresca.
4. ______ Se sacan fotos para pasaportes.
5. ______ Se preparan fiestas y banquetes.

A. un supermercado
B. un banco en Miami
C. un estudio fotográfico
D. un restaurante
E. una tienda de automóviles

8 Write eight statements using the word *se* to explain different things that take place in your school.

MODELO: Se come el almuerzo.

1. ______________________________
2. ______________________________
3. ______________________________
4. ______________________________
5. ______________________________
6. ______________________________
7. ______________________________
8. ______________________________

Nombre: ______________________________ Fecha: ______________

9 Complete the following crossword puzzle based on the cues provided. Each answer will be a reflexive verb in the infinitive form.

Horizontales

2. los dientes
5. el nombre
6. la silla
7. la noche
8. el pelo

Verticales

1. la mañana
3. las manos
4. la ropa

Nombre: ______________________________ Fecha: ______________

Repaso rápido: Preterite tense of refexive verbs

Remember that reflexive and nonreflexive verbs follow the same pattern for forming the preterite tense, with the exception that reflexive verbs require an appropriate reflexive pronoun.

Ana acostó a su hermano menor.	Ana put her little brother to bed.
Me acosté temprano.	I went to bed early.
Jaime cepilló al perro.	Jaime brushed the dog.
Jaime se cepilló el pelo.	Jaime brushed his hair.

10 Use the information given to write logical statements about what different people did yesterday. In each case you will use the preterite tense of the reflexive verb.

1. mis amigos / levantarse / muy tarde

   ____

2. yo / cepillarme el pelo / antes de la fiesta

   ____

3. nosotros / quitarse / los zapatos antes de entrar a la casa

   ____

4. mi amigo / lavarse / el pelo

   ____

5. tú / vestirse / con ropa informal

   ____

11 Complete each of the following sentences with the preterite tense of the verbs in parenthesis.

1. Manual ______________ a las 8 A.M. los fines de semana. (levantarse)
2. Javier y Rosa ______________ a las 6 A.M. (levantarse)
3. Yo ______________ dos veces ayer. (ducharse)
4. ¿______________ Uds. los dientes después de comer? (cepillarse)
5. Teresa no ______________ para ir a la fiesta. (maquillarse)
6. Mi hermano y yo no ______________ esta mañana. (peinarse)
7. ¿ ______________ tú en la cama hasta tarde esta mañana? (quedarse)
8. Mi mamá ______________ esta tarde con la estufa. (quemarse)

Nombre: ______________________ Fecha: __________

12 Answer each question in a complete sentence to say what you and other family members did yesterday.

1. ¿A qué hora se levantaron Uds. por la mañana?

____

2. ¿Quién se quedó en la cama más tiempo?

____

3. ¿Te duchaste por la mañana o por la noche?

____

4. ¿Se maquilló alguien?

____

5. ¿Quién se puso ropa formal?

____

6. ¿Te calmaste después del examen?

____

7. ¿Dónde se sentaron Uds. para cenar?

____

8. ¿Se cepillaron los dientes todos antes de acostarse?

____

9. ¿A qué hora te acostaste por la noche?

____

10. ¿Quién se acostó muy tarde?

____

Nombre: ______________________ Fecha: ______________

Repaso rápido: Demonstrative pronouns

Demonstrative adjectives become demonstrative pronouns when they take the place of a noun.

singular		**plural**	
este	esta	estos	estas
ese	esa	esos	esas
aquel	aquella	aquellos	aquellas

In the following example the demonstrative pronouns refer to three different shirts *(camisas).*

Me gusta mucho esta. Creo que esa es grande y aquella es demasiado formal.	I like this one a lot. I think that one is big and that one over there is too formal

The neuter demonstrative pronoun *(esto, eso, aquello)* refers to a set of circumstances or a noun that has not been identified. Such pronouns do not require an accent mark.

¿Qué es esto?	What is this?
Eso es muy importante.	That is very important.

13 Paco and Patricia are very different. As shown in the model, take the role of Paco to express your preferences.

MODELO: Patricia: Me gusta esta chaqueta.
Paco: Yo prefiero esa/aquella.

1. Me gustan estos jabones. ______________________
2. Me gusta este cepillo. ______________________
3. Me gustan estas toallas. ______________________
4. Me gusta esta crema. ______________________
5. Me gustaría comprar esto. ______________________

Nombre: ______________________________ Fecha: ______________

Lección B

1 Write logical sentences that include both of the words provided.

MODELO: no comer / comida rápida
No como comida rápida.

1. descansar / casa

   ____

2. doctora / hospital

   ____

3. doler / boca

   ____

4. sentirse mal / gripe

   ____

5. tomar / medicina

   ____

2 Create a logical conversation between Doctora Ibarre and her patient, Susana. Put the letters in the correct order in the space provided.

SUSANA: ______
DOCTORA: ______
SUSANA: ______
DOCTORA: ______
SUSANA: ______
DOCTORA: ______
SUSANA: ______
DOCTORA: ______

A. Me duele la cabeza y la garganta.
B. De nada, Susana.
C. ¡Hola, Doctora Ibarre!
D. ¡Muchas gracias, doctora!
E. Me siento cansada.
F. ¡Hola, Susana! ¿Cómo te sientes?
G. ¿Qué te duele?
H. Pues, vamos a mirar. Abre la boca y saca la lengua, por favor. Creo que tienes una gripe. Debes descansar y tomar esta medicina.

Nombre: ______________________________ Fecha: ______________

3 Complete the crossword puzzle with the names of different body parts.

Horizontales

3. champú
5. maquillarse
6. ver la televisión
7. jugar al fútbol
8. tocar el piano
9. cepillarse

Verticales

1. correr
2. hablar
4. escribir cartas
6. oír la radio

4 Find eight different body parts.

P	O	L	M	Y	T	R	E	S	É
E	Ó	D	I	E	N	T	E	L	O
C	O	L	C	A	R	I	P	J	H
H	P	I	A	M	Q	A	O	V	I
O	B	V	R	B	R	A	Z	O	P
T	I	N	A	O	R	E	J	A	K
T	N	Z	A	L	I	J	D	Y	O
Ó	C	O	R	A	Z	Ó	N	W	A
R	R	I	V	O	L	U	Z	I	J
O	L	P	I	E	R	N	A	C	É

Nombre: ______________________________ Fecha: ______________

Repaso rápido: Verbs that are similar to gustar

Some verbs in Spanish follow the pattern of the verb *gustar* and, therefore, require an indirect object pronoun.

doler	*Me duele la cabeza.*	My head hurts.
hacer falta	*Nos hace falta más dinero*	We need more money.
importar	*A Juan le importan los deportes.*	Sports are important to Juan.
parecer	*¿Te parece interesante?*	Does it seem interesting to you?

5 Use the verb *doler* to say how different people feel after an athletic event.

MODELO: yo / los pies
Me duelen los pies.

1. tú / la espalda

____

2. nosotros / los brazos

____

3. Uds. / las manos

____

4. yo / la cabeza

____

5. Ana / las piernas

____

Nombre: ______________________________ Fecha: ______________

6 Answer each question in a logical fashion.

1. Cuando tienes una gripe, ¿qué te duele?

 ____

2. ¿Qué clases te parecen interesantes?

 ____

3. ¿Qué clase te parece difícil?

 ____

4. ¿Te importan más los deportes o las artes?

 ____

5. ¿Te importan las noticias nacionales e internacionales?

 ____

6. ¿Te hace falta más tiempo para estudiar?

 ____

7 Complete logically the sentences on the left column with the appropriate phrase on the right column.

1. ______	Me gusta pescar...	A. …voy a pescar un resfriado.
2. ______	Se me olvidó...	B. …peces en este lago.
3. ______	Voy a reunirme con...	C. …vivir solo.
4. ______	Me siento mal, creo que...	D. …mi familia mañana.
5. ______	Graciela va a irse...	E. …y no se despidió.
6. ______	Carlos se fue a México...	F. …en el camping.
7. ______	No me acostumbro a...	G. …tu número de teléfono.
8. ______	Vas a divertirte mucho...	I. …de vacaciones mañana.

Nombre: ______________________________ Fecha: ________________

Repaso rápido: More on reflexive verbs

The meaning of some Spanish verbs changes when they are used reflexively.

comer (to eat)	→	*comerse* (to eat up)
dormir (to sleep)	→	*dormirse* (to fall asleep)
ir (to go)	→	*irse* (to leave, to go away)
llevar (to take, to carry)	→	*llevarse* (to take away, to get along)
preguntar (to ask)	→	*preguntarse* (to wonder, to ask oneself)

Some verbs that do not appear to be reflexive in English are reflexive in Spanish. They include *acostumbrarse, broncearse, caerse, despedirse, equivocarse, olvidarse, reunirse* and *sentirse.*

8 Answer the following questions in complete sentences.

1. ¿Cuántas horas duermes por la noche?

   ____

2. ¿A qué hora te duermes normalmente?

   ____

3. ¿Adónde vas a ir el sábado?

   ____

4. ¿Cuándo piensas irte de viaje?

   ____

5. ¿Qué llevas cuando vas a la playa?

   ____

6. ¿Con quién te llevas muy bien?

   ____

Nombre: ______________________________ Fecha: ______________

9 Choose from the infinitives in the box and provide the correct form in the present tense to complete each sentence.

acostumbrarse	caerse	equivocarse
reunirse		despedirse
olvidarse	broncearse	sentirse

1. En el verano nosotros ______________________ en la playa.
2. Esta tarde yo ______________________ con mis amigos en el café.
3. Tú no ______________________ bien. ¿Por qué no vas al médico?
4. Carlos ______________________ de su familia antes de ir a la escuela.
5. Uds. ______________________ a otra cultura cuando están en otro país.
6. Yo estudio mucho. Por eso no ______________________ en los exámenes.

10 Write logical sentences that include both of the words provided.

1. la enfermera / la clínica

   ____

2. fumar / dejar de

   ____

3. cuidarse / hacer ejercicio

   ____

4. cita / doctor

   ____

5. el enfermero / la doctora

   ____

Nombre: ______________________________ Fecha: ______________

Repaso rápido: Verbs that follow prepositions

In Spanish an infinitive is the only form of a verb that can follow a preposition. If the verb that follows the preposition is reflexive, the reflexive pronoun must be attached to the end of the verb and must agree with the subject.

Voy a estudiar esta noche.	I am going to study tonight.
Marta se ducha antes de ir a la escuela.	Marta takes a shower before going to school.
Me visto después de bañarme.	I get dressed after taking a bath.
Nosotros descansamos antes de irnos de viaje.	We rest before taking a trip.

11 Combine items from each column in order to form logical sentences.

yo	levantarse		despedirse
tú	ducharse	sin	comer
mi hermana	peinarse	antes de	bañarse
mi tío	vestirse	después de	estudiar
nosotros	cepillarse los dientes	para	despertarse
mis primos	irse		ir a la escuela
Uds.	acostarse		dormirse

1. ______________________________
2. ______________________________
3. ______________________________
4. ______________________________
5. ______________________________
6. ______________________________
7. ______________________________

Nombre: ______________________________ Fecha: ______________

Unidad 3

Lección A

1 Match the city locations in the left column with items in the right column.

1. ______ el aeropuerto
2. ______ el apartamento
3. ______ el monumento
4. ______ la iglesia
5. ______ la carretera
6. ______ la oficina de correos

A. la religión
B. los carros
C. enviar cartas
D. los aviones
E. lugar para vivir
F. una figura histórica

2 Answer the following questions in complete sentences.

1. ¿Qué lugares de tu ciudad te gustan mucho?

____

2. ¿En qué almacén te gusta comprar?

____

3. ¿Hay una torre en tu ciudad?

____

4. ¿Vives en un apartamento o en una casa?

____

5. ¿Tiene tu ciudad autobuses, trenes o metro?

____

6. ¿Hay un monumento famoso en tu ciudad o tu estado?

____

Nombre: ____________________ Fecha: ____________

6 Give the location of the following places in your hometown or in a city near you.

MODELO: la heladería La heladería está en la calle Mayor.

1. la dulcería ____________________
2. la oficina de correos ____________________
3. la iglesia ____________________
4. el almacén ____________________
5. la zapatería ____________________
6. el monumento ____________________
7. la papelería ____________________
8. el supermercado ____________________

7 Write the product sold in the stores listed.

1. dulcería ____________________
2. heladería ____________________
3. florería ____________________
4. papelería ____________________
5. panadería ____________________
6. frutería ____________________
7. zapatería ____________________
8. carnicería ____________________
9. taquería ____________________
10. comida en lata ____________________

Nombre: ______________________________ Fecha: ______________

Repaso rápido: Formal and plural commands

Affirmative formal commands *(Ud.)* are formed by replacing the *-o* of the present-tense *yo* form of a verb with an *-e* for *-ar* verbs, or with an *-a* for *-er* and *-ir* verbs. The plural *Uds.* command is formed in the same way but will end in *-en* for *-ar* verbs or *-an* for *-er* or *-ir* verbs.

infinitive	***Ud.* command**	***Uds.* command**
mirar	mire	miren
pensar	piense	piensen
volver	vuelva	vuelvan
escribir	escriba	escriban
dormir	duerma	duerman

Several verbs have irregular *Ud.* and *Uds.* command forms:

infinitive	***Ud.* command**	***Uds.* command**
dar	dé	den
estar	esté	estén
ir	vaya	vayan
saber	sepa	sepan
ser	sea	sean

Remember that object and reflexive pronouns are attached to affirmative commands. You may need an accent mark to maintain the original stress of some verbs: *escríbalo, siéntense.*

8 Imagine that a group of tourists will be visiting your state. Use the following verbs to give them advice about what to see and do. Be sure to use *Uds.* command forms and provide additional information.

MODELO: visitar Visiten el museo de arte en la capital.

1. ir ______________________________
2. visitar ______________________________
3. comer ______________________________
4. comprar ______________________________
5. ver ______________________________

Nombre: ______________________ Fecha: __________

9 Imagine that your friend's father is going to visit Mexico. Give him advice about what to see and do by using *Ud.* commands and providing additional information.

1. ______________________
2. ______________________
3. ______________________
4. ______________________
5. ______________________
6. ______________________

10 Your friends are planning a birthday party. Help them get organized by giving appropriate *Uds.* commands followed by a direct object pronoun.

MODELO: arreglar la sala — Arréglenla.

1. limpiar la casa ______________________
2. comprar la comida ______________________
3. traer la música ______________________
4. buscar los regalos ______________________
5. escribir la invitación ______________________
6. hacer el pastel ______________________

11 Give advice to two new students at your school by writing *Uds.* commands. As you do so pay special attention to the spelling changes required.

1. escoger sus clases ______________________
2. buscar la biblioteca ______________________
3. recoger los libros ______________________
4. cerrar la puerta principal ______________________
5. empezar mañana ______________________

Nombre: ______________________ Fecha: ______________

Repaso rápido: *Nosotros* commands

A *nosotros* command is the equivalent of "Let's (do something)" in English. It is formed either by using the construction "*Vamos a* (followed by an infinitive)" or by following the pattern shown below.

infinitive	***yo* form**	***nosotros* command**
mirar	miro	miremos
aprender	aprendo	aprendamos
escribir	escribo	escribamos
pensar (ie)	pienso	pensemos
volver (ue)	vuelvo	volvamos
pedir (i, i)	pido	pidamos
dormir (ue, u)	duermo	durmamos

Note that stem-changing *-ar* and *-er* verbs do not have a change in the nosotros command form while stem-changing *-ir* verbs require a stem change that uses the second letter shown in parentheses.

Object and reflexive pronouns are attached to the end of affirmative *nosotros* commands. The final consonant *-s* is dropped when attaching the reflexive pronoun *nos* or when combining the indirect object pronoun *se* with the direct object pronoun.

Leámosla.	Let's read it.
Vistámonos para la fiesta.	Let's get dressed for the party.
Comprémoselo.	Let's buy it for her.

12 You and your friends are making plans for the weekend. Write six *nosotros* commands to suggest what you should do.

1. ______________________________
2. ______________________________
3. ______________________________
4. ______________________________
5. ______________________________
6. ______________________________

Nombre: ______________________________ Fecha: ______________

13 Re-write the following statements using the *nosotros* command.

1. Vamos a visitar México.

   ____

2. Vamos a comprar los mapas.

   ____

3. Vamos a leer sobre el país.

   ____

4. Vamos a prepararnos para el viaje.

   ____

5. Vamos a ver las ruinas de Chichén Itzá.

   ____

6. Vamos a escribir un diario durante el viaje.

   ____

14 In your home you are currently hosting Marisol and Conchita, two sisters from Mexico City who are visiting for ten days. Complete the following tasks to help organize their stay with you.

1. Write three *nosotros* commands to suggest some activities for you to do together today.

   ____

   ____

2. Write three *Uds.* commands to give them directions to a popular place in town.

   ____

   ____

3. Write three informal *tú* commands to suggest activities for Marisol to do on her own.

   ____

   ____

Nombre: ______________________________ Fecha: ______________

Lección B

1 Answer the following questions in complete sentences.

1. ¿Cuál es tu dirección?

____

2. ¿Cómo se llaman tus vecinos?

____

3. ¿Cómo son tus vecinos?

____

4. ¿En qué barrio viven Uds.?

____

5. ¿Tu escuela está cerca o lejos de tu casa?

____

2 Write logical sentences in Spanish that use the words provided.

MODELO: vecinos / barrio
Los vecinos de mi barrio son muy simpáticos.

1. tirar / basura

____

2. museo / exhibición de arte

____

3. la dirección / la casa

____

4. conocer / vecinos

____

5. conducir / norte

____

Nombre: ______________________ Fecha: ____________

5 Use the following questions to interview a classmate. Then write a short paragraph summarizing what you found out.

1. ¿Qué ciudad de EE.UU. conoces bien?
2. ¿A quién conoces en esa ciudad?
3. ¿Sabes cuál es la población de la ciudad?
4. ¿Qué más sabes de esa ciudad?
5. ¿Sabes llegar a las tiendas y los museos?

____

____

____

____

____

6 Use the information provided to form complete sentences. As you do so remember that the *yo* form of the verbs *conducir* and *ofrecer* is irregular in the present tense.

1. nosotros / conducir / a la escuela

   ____

2. yo / conducir / en el centro de la ciudad

   ____

3. Uds. / ofrecer / ayuda a los vecinos

   ____

4. mi hermano / ofrecer / llevarnos en su coche

   ____

5. yo / conducir / el carro de mis padres

   ____

6. tú / ofrecer / ayuda a tu mamá

   ____

Nombre: ________________________________ Fecha: ________________

7 Find seven words pertaining to cars.

Ó	N	I	R	T	É	R	E	Z	X
V	L	L	A	N	T	A	L	A	P
O	F	E	X	Á	N	V	P	I	L
T	R	C	L	A	X	O	N	Y	A
P	E	N	O	X	Z	B	Y	Í	C
Á	N	Ú	R	U	E	D	A	P	A
M	O	X	P	W	E	R	U	Ú	I
V	O	L	A	N	T	E	L	A	L
Y	O	T	U	Ú	D	N	Ó	S	P

8 Complete the following statements about your family's car or a favorite car, using as many descriptive words as possible.

1. El coche es ________________________________.
2. También es ________________________________.
3. El coche tiene ________________________________.
4. También tiene ________________________________.
5. El coche no tiene ________________________________.
6. Me gusta el coche porque ________________________________.

Nombre: ______________________________ Fecha: ______________

Repaso rápido: Negative commands

To make a command negative in the *Ud., Uds.* or nosotros form, simply place no before the verb. One exception is the nosotros command for *ir: ¡Vamos!* changes to *¡No vayamos!*

No hable mucho.
No vuelvan a casa tarde.
No compremos en aquella tienda.

The negative *tú* command is not formed like the affirmative *tú* command. Instead it is formed by adding *-s* to the end of the formal *Ud.* command and placing *no* before the verb.

No escribas en estos papeles. Escribe en esos.
No hables ahora por teléfono. Habla con tus amigos mañana.

For negative commands, object and reflexive pronouns are placed before the verb and after the word *no*. Note that the indirect object pronoun precedes the direct object pronoun when they are used with the same verb.

No lo pidas.
No me lo compre.
No nos vayamos.

9 The following negative commands are taken from posted signs. For each command write a location where such a sign might be posted.

1. No pisen el césped. ______________________________
2. NO DEN COMIDA A LOS ANIMALES. ______________________________
3. No fumen. ______________________________
4. No doblen a la derecha. ______________________________
5. No cierren la puerta. ______________________________

Nombre: ______________________________ Fecha: ______________

10 Imagine that a neighbor will be taking care of your home while your family is on vacation. Write three things he should do and three things he should not do while you are gone.

MODELO: Cierra las puertas y las ventanas.
No conduzcas el coche.

1. ______________________________
2. ______________________________
3. ______________________________
4. ______________________________
5. ______________________________
6. ______________________________

Nombre: ______________________ Fecha: ______________

11 Make the following commands negative in order to cancel plans for a party. As you do so be sure to use appropriate object pronouns.

MODELO: Hagamos una fiesta. No la hagamos.

1. Invitemos a tu prima. ______________________
2. Cómprenos Ud. los refrescos. ______________________
3. Prepáreme Ud. la comida. ______________________
4. Limpien Uds. la casa. ______________________
5. Llamen Uds. a los amigos. ______________________
6. Trae la música. ______________________
7. Arregla la sala. ______________________

12 The following statements may be correct or incorrect as they pertain to you. Read each statement to decide if it is true (*verdad*) or false (*falso*) for you and then write a statement to explain each answer.

MODELO: Manejo un carro deportivo moderno.
Es falso. Manejo un carro viejo de mi familia.

1. Sé manejar.
____
2. Conozco bien los barrios de mi ciudad.
____
3. Subo al carro para ir al colegio.
____
4. A veces llego tarde al colegio a causa del tráfico.
____
5. Me molesta el tráfico en mi ciudad.
____
6. Siempre uso el cinturón de seguridad.
____
7. Sé cuál es la capital de México.
____
8. Conozco la ciudad de Cancún.
____

Nombre: ______________________________ Fecha: ______________

Unidad 4

Lección A

1 Complete the crossword puzzle with words related to an amusement park.

Horizontales

2. son de diferentes colores
6. una procesión de personas
7. palomitas de...

Verticales

1. es muy rápida
2. tienen mucho azúcar
3. los niños se divierten mucho en ella
4. explotan en el aire, son los ... artificiales
5. un lugar con muchas atracciones

Nombre: ______________________ Fecha: ______________

Repaso rápido: Imperfect tense

You already have learned to express completed past actions with the preterite tense. The imperfect tense *(el imperfecto)* also refers to the past and is used to describe an ongoing past action, a long-standing situation or a habitual action. Only the verbs *ir, ser* and *ver* are irregular in the imperfect tense. The formation of the imperfect tense of regular verbs is summarized below.

		estudiar	
yo	estudi**aba**	nosotros nosotras	estudi**ábamos**
tú	estudi**abas**	vosotros vosotras	estudi**abais**
Ud. él ella	estudi**aba**	Uds. ellos ellas	estudi**aban**

		correr	
yo	corr**ía**	nosotros nosotras	corr**íamos**
tú	corr**ías**	vosotros vosotras	corr**íais**
Ud. él ella	corr**ía**	Uds. ellos ellas	corr**ían**

		escribir	
yo	escrib**ía**	nosotros nosotras	escrib**íamos**
tú	escrib**ías**	vosotros vosotras	escrib**íais**
Ud. él ella	escrib**ía**	Uds. ellos ellas	escrib**ían**

Nombre: ______________________________ Fecha: ______________

2 Use the information provided to tell what different people were doing last night.

1. Marcos / trabajar en casa

____

2. Rosa y Ana / estudiar en la biblioteca

____

3. tú / escribir una carta

____

4. yo / comer en un restaurante

____

5. nosotros / jugar al tenis

____

6. Ud. / preparar las clases

____

3 Choose the appropriate verb and provide its correct form in the imperfect tense to complete each statement about what people were doing at a recent birthday party.

divertirse	comer	hablar
escuchar	bailar	mirar

1. Mis amigos ______________________ música y ______________________ salsa.
2. Yo ______________________ en español con mis amigos de México.
3. Mi prima ______________________ pastel.
4. Nosotros ______________________ fotos de otras fiestas.
5. Tú ______________________ mucho.

Nombre: ______________________________ Fecha: ______________

4 Think about life when you were eight years old in order to answer the following questions about what you used to do.

1. ¿Qué deporte jugabas?

   ____

2. ¿Qué programa de televisión mirabas?

   ____

3. ¿Qué comías por la mañana?

   ____

4. ¿A qué hora te acostabas por la noche?

   ____

5. ¿Qué música escuchabas?

   ____

6. ¿Qué actividades hacías con tus amigos?

   ____

5 Match the animals in the left column with the descriptions in the right column.

1. ______ el elefante	A.	es lenta
2. ______ la cebra	B.	es gris y muy grande
3. ______ la tortuga	C.	es rosado
4. ______ el león	D.	es amarillo y de África
5. ______ el flamenco	E.	es negra y blanca
6. ______ la jirafa	F.	tiene un cuello muy largo

Nombre: ______________________________ Fecha: ______________

Repaso rápido: Irregular imperfect tense verbs (*ser*, *ir*, and *ver*)

The only irregular verbs in the imperfect tense are listed below.

	ser		
yo	era	nosotros nosotras	éramos
tú	eras	vosotros vosotras	erais
Ud. él ella	era	Uds. ellos ellas	eran

	ir		
yo	iba	nosotros nosotras	íbamos
tú	ibas	vosotros vosotras	ibais
Ud. él ella	iba	Uds. ellos ellas	iban

	ver		
yo	veía	nosotros nosotras	veíamos
tú	veías	vosotros vosotras	veíais
Ud. él ella	veía	Uds. ellos ellas	veían

The imperfect also may be used in the following situations:

- to describe a physical, mental or emotional characteristic or condition in the past

  Marta era simpática y elegante.
  Pedro estaba enfermo.

- to describe or provide background information about the past

  Marta tenía doce años.
  Hacía mucho calor en agosto.
  Había muchas personas en la clase.
  Eran las diez de la noche.

- to indicate past intentions

  Yo quería salir con mis amigos.
  Nosotros íbamos a ir al cine.

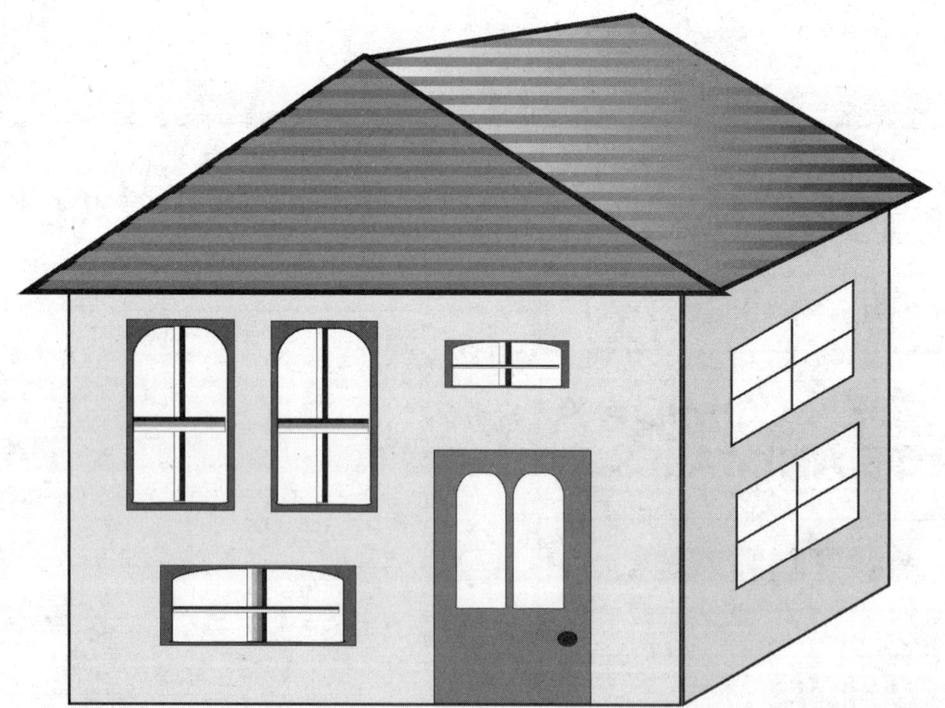

Nombre: ______________________ Fecha: __________

9 In the preceding activity you provided the nationalities of seven different people. Now use the imperfect tense and the information provided to say what these individuals and others used to do in their countries of origin.

MODELO: Natalia / divertirse en un parque de atracciones
Natalia se divertía en un parque de atracciones en España.

1. Manuel / ir a las montañas

____

2. Daniela y yo / hablar de los animales en el zoológico

____

3. Marcos y sus amigos / ver los coches antiguos

____

4. Gustavo y su hermana / trabajar como guías

____

5. Susana / montar en las atracciones

____

6. Jaime y sus primos / comer golosinas

____

7. David / sacar fotos con su cámara

____

Nombre: ______________________________ Fecha: ______________

Lección B

1 Find seven words pertaining to a circus.

P	C	R	T	P	Z	L	O	Q	W
A	T	A	Q	U	I	L	L	A	I
Y	P	E	R	T	X	V	I	F	H
A	C	B	O	L	E	T	O	I	M
S	M	L	S	O	R	T	P	L	J
O	Q	E	O	C	V	P	L	A	R
R	E	W	U	B	A	N	D	A	I
C	I	R	C	O	P	U	N	T	E
P	I	T	R	E	Z	C	M	O	P

Nombre: ______________________________ Fecha: ______________

Repaso rápido: *-ísimo/-a and -ito/-ita*

To add the idea of **very, most** or **extremely** to an adjective, use the endings *-ísimo/-ísima/-ísimos/-ísimas.*

La clase es dificilísima. *Los exámenes son dificilísimos.*

In the case of adjectives that end in a vowel, drop the final vowel before adding the superlative ending.

El programa es interesantísimo. *La música es buenísima.*

For adjectives that end in *-ble*, change the *-ble* to *-bil* before attaching the ending.

Susana y Sara son amabilísimas.

Certain spelling changes may be necessary when a form of *-ísimo* is added: *c → qu; g → gu; z → c.*

Mis amigos son simpatiquísimos.

Several different endings can be added to a noun to indicate affection or to indicate that someone or something is small. The most common endings are *-ito/-ita/-itos/-itas*, which may be added to the end of nouns that end in a consonant or may replace the final vowel of a noun that ends in a vowel.

2 Give your opinions by answering the following questions in complete sentences. As you do so be sure to use the appropriate *-ísimo* form of the adjectives.

1. ¿Cuáles son dos clases interesantes?

   ____

2. ¿Cuál es una ciudad grande en tu estado?

   ____

3. ¿Quién es un actor cómico?

   ____

4. ¿Cuáles son dos deportes divertidos?

   ____

5. ¿Cuál es un restaurante bueno?

   ____

Nombre: ______________________ Fecha: ______________

3 Listed below are some of the things and people you find at a birthday party. Rewrite each one using the diminutive form.

1. pastel ______________________
2. globos ______________________
3. regalos ______________________
4. hermanos ______________________
5. mesas ______________________
6. sillas ______________________

Nombre: ______________________________ Fecha: ________________

Repaso rápido: Adjective placement

Adjectives in Spanish are masculine or feminine and singular or plural. They usually follow the nouns they modify.

Los payasos altos son muy cómicos.
Los leones africanos son muy fuertes.

Some adjectives normally precede nouns. They include demonstrative adjectives, adjectives of quantity, cardinal numbers, ordinal numbers, interrogative words, indefinite adjectives and adjectives that describe a permanent characteristic.

Esa familia es muy buena.
Tenemos muchos amigos.
Clara tiene dos hermanos.
Enero es el primer mes del año.
¿Cuántos años tienes?
Vamos a ver otro circo.
Me gusta la blanca nieve.

The adjectives *bueno* and *malo* may be used before or after the nouns they modify. Before a masculine singular noun both adjectives are shortened.

Javier es un amigo bueno.
Javier es un buen amigo.

Keep in mind that certain adjectives change in meaning according to their placement before or after a noun. These adjectives include *grande, viejo, pobre, mismo* and *nuevo.*

Susana y Teresa son grandes atletas.	Susana and Teresa are **great** athletes.
El estadio es muy grande.	The stadium is very **big.**

When two or more adjectives describe a noun they are often placed after the noun. It also is possible to place the shorter, more subjective adjective before the noun and the other(s) after the noun.

El restaurante es bueno y bonito.
Conocemos un buen restaurante mexicano.

Nombre: ______________________________ Fecha: ______________

4 Write complete sentences to describe different people and places. In each sentence be sure to include at least two adjectives.

MODELO: una ciudad San Salvador es una ciudad grande y bonita.

1. una escuela ______________________________
2. una ciudad ______________________________
3. dos clases ______________________________
4. un amigo ______________________________
5. unos parientes ______________________________
6. una profesora ______________________________

5 Complete the crossword puzzle with words related to a farm.

Horizontales

3. este animal vuela
5. es un animal que se come en el Día de Acción de Gracias
7. están en el cielo por la noche
8. sale por la noche y es blanca
9. donde viven los animales

Verticales

1. tomamos su leche
2. este animal tiene cuernos y es negro
4. hay muchos árboles allí
5. tiene cuatro patas y dice guau, guau
6. comemos los huevos de este animal

Nombre: ______________________________ Fecha: ______________

Repaso rápido: Possessive adjectives (long forms)

You have learned to show possession by using the pattern object + *de* + owner *(la bicicleta de Ana)* and also by using possessive adjectives *(mis clases, nuestra profesora)*. A third way to show possession is to use long-form (or stressed) possessive adjectives.

mío(s), mía(s)	*my, (of) mine*	nuestro(s), nuestra(s)	*our, (of) ours*
tuyo(s), tuya(s)	*your, (of) yours*	vuestro(s), vuestra(s)	*your, (of) yours*
suyo(s), suya(s)	*your, (of) yours (Ud.), his, (of) his, her, (of) her, its*	suyo(s), suya(s)	*your, (of) yours (Uds.), their, (of) theirs*

The stressed possessive adjectives follow and agree with the nouns they modify.

Me encantan los perros míos.
¿Quieres visitar la finca nuestra?

Possessive adjectives also may follow the verb *ser*.

¿Los gatos son tuyos?
Sí, son míos.

Note that possessive pronouns frequently may be used in place of a possessive adjective and a noun. They are formed by combining a definite article with a long-form possessive adjective.

Mi perro es negro y el tuyo es blanco.
Mi casa está en el bosque. ¿Dónde está la suya?

Nombre: ______________________________ Fecha: ______________

6 Rewrite the following sentences with long-form possessive adjectives.

MODELO: Mi familia es muy especial.
La familia mía es muy especial.

1. Tus gatos son muy bonitos.

____

2. Sus animales están en la finca.

____

3. Nuestra casa está en el bosque.

____

4. Mi perro es pequeñito.

____

5. Su hermano tiene una finca.

____

6. Mis gatos duermen mucho.

____

7 Rewrite your answers to the previous exercise by using possessive pronouns.

1. ____
2. ____
3. ____
4. ____
5. ____
6. ____

Nombre: ______________________________ Fecha: ______________

8 Answer the following questions about your family, friends and school. Be sure to use a possessive pronoun in each response.

1. ¿Cómo es la familia tuya?

   ____

2. ¿Cómo son los amigos tuyos?

   ____

3. ¿Cómo es la escuela suya?

   ____

4. ¿Cómo es la clase de español nuestra?

   ____

5. ¿Cómo son las clases tuyas?

   ____

Nombre: ______________________ Fecha: ____________

Repaso rápido: *Lo* with adjectives/verbs

Lo can be used with an adjective or adverb followed by the word *que* as an equivalent for **how (+ adjective/adverb).**

¿Sabes lo grande que es el toro?	Do you know **how big** the bull is?
Uds. saben lo mucho que me gusta la finca.	You know **how much** I like the farm.

Note: Although the form of the adjective may change, the word *lo* remains the same in each example.

9 Form complete sentences, using *lo* and the information provided.

MODELO: Uds. no saber / bonito / ser el bosque
Uds. no saben lo bonito que es el bosque.

1. tú saber / emocionante / ser el circo

   ____

2. ¿saber Uds. / grande / ser las estrellas?

   ____

3. ¿saber ellos / importante / ser los árboles?

   ____

4. yo saber / chistoso / ser los payasos del circo

   ____

5. ¿saber ellos / salvaje / ser los leones del circo?

   ____

6. mis amigos saber / maravilloso / ser la finca de mis padres

   ____

Nombre: ______________________________ Fecha: ______________

7 Choose between the preterite or imperfect tense and provide the correct verb form to complete each sentence.

1. Ayer mi hermana ____________________ a casa a las ocho. (llegar)
2. Nosotros ____________________ cuando ella ____________________ en el comedor. (comer, entrar)
3. Por la noche yo ____________________ la televisión mientras mi hermano ____________________ la tarea. (mirar, hacer)
4. Esta mañana yo ____________________ a la escuela y ____________________ a mi amiga Amalia. (ir, ver)
5. Nosotros ____________________ en nuestra primera clase a las ocho. (sentarse)

8 Choose between the preterite or the imperfect tense and provide the correct verb forms to complete the following story about a trip to buy food.

Ayer por la mañana (1. hacer) ____________________ sol y calor cuando yo (2. salir) ____________________ de mi casa para ir al supermercado y comprar unas cosas. Al llegar yo (3. ver) ____________________ a mi amigo Carlos en la caja. Carlos (4. pagar) ____________________ mientras su hermana (5. poner) ____________________ la comida en las bolsas. Nosotros (6. decidir) ____________________ tomar un café por la tarde y (7. despedirse) ____________________. Entonces yo (8. buscar) ____________________ mi comida. Por ser sábado, el supermercado (9. estar) ____________________ muy lleno.

Nombre: ______________________ Fecha: ______________

9 You have special guests coming to visit you during the weekend. Create a different menu for the three days, including breakfast, lunch and dinner.

MENÚ

DESAYUNO

viernes	sábado	domingo

ALMUERZO

viernes	sábado	domingo

CENA

viernes	sábado	domingo

Nombre: ______________________ Fecha: ______________

Repaso rápido: Present tense of *reír* and *freír*

reír(se)	
(me) río	(nos) reímos
(te) ríes	(os) reís
(se) ríe	(se) ríen

gerundio: riendo (riéndose)

freír	
frío	freímos
fríes	freís
fríe	fríen

gerundio: friendo

10 Answer the following questions.

1. ¿Quién se ríe mucho en tu familia?

   ____

2. ¿Cuándo te ríes tú?

   ____

3. ¿Ríen mucho tus amigos/as?

   ____

4. ¿Qué comida te gusta freír?

   ____

5. ¿Fríen la comida en tu casa? ¿Qué fríen?

   ____

6. ¿Quién fríe la comida en tu casa?

   ____

7. ¿Fríen la comida en tu casa con mantequilla o con aceite?

   ____

Nombre: ____________________ Fecha: __________

Repaso rápido: Irregular preterite-tense verbs

andar *(to walk)*:	anduve, anduviste, anduvo, anduvimos, anduvisteis, anduvieron
caber *(to fit)*:	cupe, cupiste, cupo, cupimos, cupisteis, cupieron
conducir *(to drive)*:	conduje, condujiste, condujo, condujimos, condujisteis, condujeron
freír *(to fry)*:	freí, freíste, frió, freímos, freísteis, frieron
leer *(to read)*:	leí, leíste, leyó, leímos, leísteis, leyeron
poder *(to be able)*:	pude, pudiste, pudo, pudimos, pudisteis, pudieron
poner *(to put)*:	puse, pusiste, puso, pusimos, pusisteis, pusieron
querer *(to want)*:	quise, quisiste, quiso, quisimos, quisisteis, quisieron
reír *(to laugh)*:	reí, reíste, rió, reímos, reísteis, rieron
saber *(to know)*:	supe, supiste, supo, supimos, supisteis, supieron
traducir *(to translate)*:	traduje, tradujiste, tradujo, tradujimos, tradujisteis, tradujeron
traer *(to bring)*:	traje, trajiste, trajo, trajimos, trajisteis, trajeron
venir *(to come)*:	vine, viniste, vino, vinimos, vinisteis, vinieron

11 Complete the following sentences with the appropriate preterite tense of the verbs in parentheses.

1. Carlos y sus amigos ____________________ ayer por el supermercado. (andar)
2. Yo ____________________ el carro de mis padres. (conducir)
3. Graciela ____________________ la lista del mercado. (leer)
4. Carlos ____________________ mucha ternera del supermercado. (traer)
5. La ternera no ____________________ en una bolsa. (caber)
6. Tú ____________________ muchas sandías en el carro del mercado. (poner)
7. Nosotros no ____________________ qué frutas comprar. (saber)
8. Yo ____________________ mucho. (reírse)

Nombre: ______________________ Fecha: __________

Lección B

1 The following actions correspond to shopping for an article of clothing. Put them in a logical sequence.

1. ______
2. ______
3. ______
4. ______
5. ______
6. ______

A. hablar con el dependiente y pagar

B. ir a la tienda

C. mirar los vestidos a rayas y a cuadros

D. decidir

E. volver a casa

F. probárselos en el vestidor

Nombre: ______________________________ Fecha: ______________

2 Find eight words that you might hear in a clothing store when buying a garment.

V	E	P	B	R	E	C	I	B	O
A	C	O	L	I	Y	T	T	E	W
R	D	E	S	T	E	Ñ	I	D	O
I	J	O	W	Q	Y	I	P	C	O
E	T	T	R	O	L	K	O	O	Q
D	E	P	O	S	I	B	L	E	P
A	L	K	L	P	R	E	N	D	A
D	A	C	A	J	E	R	O	L	Z

3 Complete each sentence with an expression from the list provided.

desteñidos	a cuadros	las prendas
la joyería	el cajero	urtido
un rubí	las telas	el vestidor

1. María Paula se prueba la blusa en ______________________.
2. ______________________ recibe la tarjeta de crédito del cliente.
3. El joven compra ______________________ para el cumpleaños de su novia.
4. Hoy llegaron ______________________ de la nueva colección de primavera.
5. Jorge compró una bonita camisa ______________________.
6. Adriana compró un anillo muy caro en ______________________.
7. Ellas escogen ______________________ negras para sus vestidos bonitos.
8. Adrián y Pepe compraron *jeans* ______________________ porque están en oferta.
9. ¡Me encanta esta tienda! Hay un gran ______________________ de ropa elegante.

Nombre: ______________________ Fecha: ____________

Repaso rápido: The imperfect progressive tense

The imperfect progressive tense tells what was going on at a specific time in the past. It is formed by placing the present participle of a verb after the imperfect tense of *estar*.

Ayer estaba buscando un suéter para mi hermana.

Object pronouns may either come before the verb *estar* or be placed after and attached to the present participle. When they come after the present participle a written accent may be required in order to maintain the original stress.

Los estaba buscando. → *Estaba buscándolos.*

The present progressive and imperfect progressive tenses usually consist of the verb *estar* plus a present participle. In addition to *estar*, the verbs *seguir*, *andar*, *continuar* and *venir* can be used to form the progressive tenses.

4 Say what the following people were doing yesterday when their friend Miguel saw them at a shopping center.

MODELO: Belén / comer un sándwich
Belén estaba comiendo un sándwich.

1. Enrique / tomar un refresco

 ____

2. Natalia y Manuel / comprar un regalo

 ____

3. tú / pedir ayuda al dependiente

 ____

4. nosotros / volver a casa

 ____

5. yo / llamar por teléfono

 ____

Nombre: ______________________________ Fecha: ______________

5 Say what the following people were doing the last time you saw them.

MODELO: la profesora de biología
La profesora de biología estaba hablando con unos estudiantes.

1. el/la profesor(a) de inglés

   ____

2. el/la profesor(a) de español

   ____

3. mis amigos

   ____

4. mis tíos

   ____

5. el/la director(a) de la escuela

   ____

6 Combine items from each column in order to form logical sentences in the imperfect progressive tense.

yo		entrar en las tiendas
tú	estar	trabajar en la tienda
mi amiga	seguir	buscar una camisa
el dependiente	andar	probarse los zapatos
mis amigos y yo	continuar	mirarse en el espejo
mis abuelos	venir	esperar una decisión
Uds.		leer en el café

1. ______________________________
2. ______________________________
3. ______________________________
4. ______________________________
5. ______________________________
6. ______________________________
7. ______________________________

Nombre: ______________________________ Fecha: ______________

Repaso rápido: Adverbs ending in *-mente*

Many adverbs in Spanish end in *-mente,* such as *lentamente* (slowly). You can form such adverbs by adding *-mente* to the feminine form of an adjective.

adjective	feminine form	adverb
posible	posible	posiblemente
difícil	difícil	difícilmente
rápido	rápida	rápidamente

7 Complete each sentence with a logical adverb. The adjectives listed below provide the starting point for your adverb formation.

lento **especial** inteligente
perfecto rápido **probable**

1. Patricia es una gran atleta. Siempre corre ______________________.
2. Paco no tiene prisa. Le gusta caminar ______________________ por el parque.
3. Mañana es el cumpleaños de Clara. Vamos a tener una fiesta ______________________ para ella.
4. Juan es un buen mecánico. ______________________ puede arreglar mi coche.
5. Me gusta el pantalón nuevo. Te queda ______________________.
6. Rosa lee mucho y habla ______________________ de las noticias.

Nombre: ______________________________ Fecha: ______________

8 Answer the following questions in complete sentences.

1. ¿Te gustaría ser camarero/a o cocinero/a?

____

2. ¿Qué hace un camarero en un restaurante?

____

3. ¿Qué hace un cocinero en un restaurante?

____

4. ¿Quién sirve la comida en tu familia?

____

5. Cuando vas a un restaurante con tu familia, ¿quién paga la cuenta?

____

6. ¿Quién recibe la propina en un restaurante?

____

9 Match the items in the left column with the definitions in the right column.

1. _____ el postre	A. un aderezo amarillo
2. _____ el salero	B. se come con papas fritas
3. _____ la salsa de tomate	C. delicioso
4. _____ la mayonesa	D. contiene sal
5. _____ la mostaza	E. el resultado de comer mucho
6. _____ muy lleno/a	F. una salsa blanca
7. _____ rico/a	G. se sirve al final de la comida

Nombre: ______________________ Fecha: ____________

Repaso rápido: *Hace* (+ time) *que*

Use the pattern *hace* (+ time expression) *que* (+ present tense of verb) to describe an action that began in the past and continues in the present.

Hace un año que Pilar trabaja en la tienda.	Pilar has been working at the store for a year.

Reverse the order of *hace* and the time expression to ask questions with a form of *¿cuánto?*

¿Cuánto tiempo hace que Pilar trabaja en la tienda?	How long has Pilar been working at the store?

10 Answer the following questions in complete sentences.

1. ¿Cuánto tiempo hace que estudias en este colegio?

   ____

2. ¿Cuánto tiempo hace que estudias español?

   ____

3. ¿Cuánto tiempo hace que vives en esta ciudad?

   ____

4. ¿Cuánto tiempo hace que juegas tu deporte favorito?

   ____

5. ¿Cuánto tiempo hace que conoces a tu mejor amiga?

   ____

Nombre: ______________________ Fecha: __________

11 Write four questions you would like to ask a classmate using *Hace* (+ time) *que*. Then interview the person and write his/her answers below. Share the information with the class.

Preguntas:

1. ______________________
2. ______________________
3. ______________________
4. ______________________

Respuestas:

1. ______________________
2. ______________________
3. ______________________
4. ______________________

12 Imagine that the following people have stopped working for the day. Say how long different people had been doing the indicated tasks.

MODELO: Marcos / escribir cartas / seis horas
Hacía seis horas que Marcos escribía cartas.

1. la profesora / enseñar / siete horas

   ____

2. el cocinero / preparar la comida / ocho horas

   ____

3. los camareros / servir la comida / cinco horas

   ____

4. tú / vender ropa / tres horas

   ____

5. yo / hacer la tarea / cuatro horas

   ____

6. nosotros / trabajar en la tienda / cinco horas

   ____

Nombre: ______________________________ Fecha: ______________

8 Write five indirect commands telling various family members what to do next weekend.

1. ______________________________

2. ______________________________

3. ______________________________

4. ______________________________

5. ______________________________

9 Complete each sentence logically, selecting from the following words: *al aire libre, besos, reja, muros, quiere, invita, miembros, cortadora.*

1. Corto el césped con la ______________________ de césped.
2. Los niños dan ______________________ a sus abuelos.
3. Somos cinco los ______________________ de mi familia.
4. Todas las ventanas de mi casa tienen una ______________________.
5. Mi madre ______________________ que yo limpie el armario.
6. Mi hermanastro ______________________ a sus amigos a jugar en el jardín.
7. Cuando hace buen tiempo, nos gusta comer ______________________.
8. Los ______________________ de la casa son de ladrillo.

Nombre: ______________________ Fecha: ____________

10 Complete the following crossword puzzle with vocabulary presented in *Vocabulario A2*.

Horizontales

2. tiene flores y plantas
4. sillas, sofás y mesas
6. ...el césped
7. el opuesto de afuera

Verticales

1. repetir algo varias veces
3. todos lo necesitamos para vivir
4. divide una casa de otras
5. está en la parte de abajo de una casa

11 Complete each statement with the members of Felipe's family.

1. El marido de su madre es su ______________________.
2. El padre de su abuelo es su ______________________.
3. La hija de su madrastra es su ______________________.
4. La esposa de su tío es su ______________________.
5. La esposa de su padre es su ______________________.
6. La hija de sus tíos es su ______________________.

Nombre: ______________________________ Fecha: ______________

Repaso rápido: Irregular subjunctive verbs

The verbs *dar, estar, ir, saber* and *ser* are considered irregular in the present-tense subjunctive since their present-tense indicative *yo* form does not provide the initial stem. However, they do follow the pattern of using "opposite vowels" for endings in the subjunctive since *-ar* verbs use endings that begin with *-e* whereas *-er* and *-ir* verbs use endings that begin with *-a*.

12 You will visit Bolivia with your family and several friends are telling you things to see and do. Form logical sentences with the information provided.

MODELO: nosotros ir al lago Poopó
Ellos nos dicen que vayamos al lago Poopó.

1. nosotros ir al lago Titicaca

____

2. mi familia estar varios días en La Paz

____

3. yo dar un paseo por Sucre

____

4. ellos querer que nosotros saber nuestros planes

____

5. mi hermana ir a restaurantes típicos

____

13 Make suggestions to a friend by completing the following sentences using the present-tense subjunctive and adding appropriate additional information.

1. Quiero que ______________________________. (ir)
2. También quiero que ______________________________. (estar)
3. Digo que ______________________________. (ser)
4. También digo que ______________________________. (saber)
5. Que ______________________________. (ir)

Nombre: ______________________ Fecha: ____________

Repaso rápido: Using an infinitive instead of the subjunctive

Most causal verbs require the subjunctive when there is a change of subject. However, the verbs *dejar, hacer, invitar, mandar* and *permitir* may be followed by either an infinitive or the subjunctive, even when there is a change of subject. When an infinitive is used, the sentence requires an indirect object.

Mi madre permite que yo vaya a la fiesta.
Mi madre me permite ir a la fiesta.

14 Rewrite the following sentences with an infinitive instead of the present subjunctive.

1. Mi hermana mayor hace que estudiemos.

   ____

2. Mis padres no dejan que comamos en la sala.

   ____

3. Mi abuelo manda que yo ponga la mesa.

   ____

4. Mis tíos invitan a mi hermano a que coma en su casa.

   ____

5. Yo no dejo que mi hermanito beba refrescos.

   ____

Nombre: ______________________ Fecha: ____________

Lección B

1 Write logical sentences that include the words provided.

1. dejar / manejar

 ____

2. bailar / club

 ____

3. regla / regresar

 ____

4. estar seguro / llegar a tiempo

 ____

5. esperar / regresar a tiempo

 ____

2 Answer each question in a complete sentence.

1. ¿Hay muchas reglas en tu casa? Explica dos de ellas.

 ____

2. ¿Sales de casa a tiempo por la mañana?

 ____

3. ¿A qué hora regresas a casa después del colegio?

 ____

4. ¿Qué haces después de llegar a casa?

 ____

5. ¿Cómo se sienten tus padres cuando recibes buenas notas?

 ____

6. ¿Qué haces para ayudar en tu casa?

 ____

Nombre: ______________________ Fecha: ______________

Repaso rápido: The subjunctive with verbs of emotion and doubt

The subjunctive is used in Spanish after verbs of emotion or doubt when there is a change of subject in the clause that follows *que*.

Esperamos que te guste el regalo.
Me preocupa que él regrese tarde a casa.

The notion of doubt is expressed in Spanish with the verb *dudar* or with negative statements involving the verbs *creer*, *pensar* and *estar seguro/a (de)*.

Dudo que Juan esté en casa.
No creo que haya clase el sábado.

The following verbs express emotion and are usually conjugated like the verb *gustar: alegrar (de), complacer, encantar, fascinar, interesar*. When *alegrar* is used as a reflexive verb it is followed by *de* and does not follow the pattern of *gustar*.

3 Form logical sentences with the infomation provided.

1. yo / esperar / mis abuelos / visitarme pronto

____

2. a nosotros / gustar / Uds. / venir a casa

____

3. a Ud. / preocupar / Teresa / regresar tarde

____

4. ellos / sentir / nosotros / no poder visitarlos

____

5. tú / esperar / ellos / tener la llave

____

6. a mí / parecer bien / tú / ir a la fiesta

____

Nombre: ______________________________ Fecha: ______________

4 Combine items from each column in order to form logical sentences.

yo		tú saber la información
tú	dudar	ellos tener la llave
Ud.	no creer	que ella conocer a Marcos
mi amiga	no pensar	yo regresar tarde
nosotros	no estar seguro(a)	nosotros ir a la tienda
mis padres		Ud. estar en casa

1. ______________________________
2. ______________________________
3. ______________________________
4. ______________________________
5. ______________________________
6. ______________________________

5 Complete the following sentences logically.

1. Me alegro de que ______________________________.
2. Nos encanta que ______________________________.
3. A mi padre le complace que ______________________________.
4. A mi madre le fascina que ______________________________.
5. A mis tíos les interesa que ______________________________.
6. Mi hermana se alegra de que ______________________________.
7. Me agrada que ______________________________.
8. Al profesor le importa que ______________________________.
9. A mis padres les molesta que ______________________________.
10. A mi abuelo le gusta que ______________________________.

Nombre: ______________________________ Fecha: ______________

6 Answer each question in a complete sentence.

1. ¿Qué planes tienes para el sábado?

____

2. ¿Tienes planes para un cumpleaños especial?

____

3. ¿Qué tipo de pastel te gusta?

____

4. ¿Quién sonríe mucho en tu familia?

____

5. ¿Con quién discutes? ¿Por qué?

____

7 Match the items in the left column with the descriptions in the right column.

1. _____ el horno de microondas	A. ofrece seguridad y protección
2. _____ la cafetera	B. hace una bebida caliente
3. _____ la plancha	C. es caliente y se usa para la ropa
4. _____ la mesa de planchar	D. con este aparato la comida está caliente rápido
5. _____ la alarma de incendios	E. hace jugos de fruta
6. _____ la licuadora	F. larga y estrecha

8 Write statements indicating how often you use the indicated household items. The following expressions may be useful: *siempre, nunca, a veces, muchas veces, todos los días, cada mañana/tarde/noche.*

1. el horno de microondas

____

2. la cafetera

____

3. la plancha

____

4. la licuadora

____

Nombre: ______________________________ Fecha: ______________

Repaso rápido: The subjunctive with impersonal expressions

Impersonal expressions that express doubt, emotion or influence are followed by the subjunctive when the verb that follows has its own subject. Compare the subjunctive in the first example with the infinitive in the second.

Es mejor que llegues a tiempo.	It is better that you arrive on time.
Es mejor llegar a tiempo.	It is better to arrive on time.

Several impersonal expressions are followed by the indicative when they are positive because they express certainty. These expressions include *es claro, es evidente*, *es obvio*, *es seguro* and *es verdad*. However, when the expressions are negative they convey doubt and therefore require the subjunctive.

Es verdad que nosotros trabajamos mucho.
No es verdad que nosotros trabajemos mucho.

9 Combine items from each column to say what different people need to do around the house.

es mejor		yo	preparar la comida
es necesario		mis hermanos	cortar el césped
es importante	que	mi padre	lavar los platos
es preciso		mi hermana	sacar la basura
		mi madre	arreglar la sala
		mis abuelos	ayudar en el jardín

1. ______________________________
2. ______________________________
3. ______________________________
4. ______________________________
5. ______________________________
6. ______________________________

Nombre: ______________________ Fecha: ____________

10 Imagine that you are giving advice to a new student at your school. Write six logical statements that begin with the expressions provided.

1. Es importante que ______________________.
2. Es necesario que ______________________.
3. Es preciso que ______________________.
4. Es mejor que ______________________.
5. Más vale que ______________________.
6. Espero que ______________________.

11 React to the statements shown using the expressions *(no) es claro, (no) es evidente, (no) es obvio, (no) es seguro, (no) es verdad.* Make any necessary additional changes.

MODELO: Mi clase de inglés es aburrida.
No es verdad que mi clase de inglés sea aburrida.

1. Nuestro colegio es grande.

   ____

2. Me gusta la clase de historia.

   ____

3. Estudio español todos los días.

   ____

4. Tenemos vacaciones en el mes de abril.

   ____

5. Mis amigos hacen la tarea por la noche.

   ____

6. Tengo un examen en dos días.

   ____

Nombre: ______________________________ Fecha: ______________

Unidad 7

Lección A

1 Write logical sentences that include the words listed below.

1. accidente

____

2. celebración

____

3. robo

____

4. protesta

____

5. destrucción

____

2 Find seven words presented in *Vocabulario A1*.

P	S	T	Ú	V	X	P	O	B	G	H	L	N	M
A	C	O	N	T	E	C	I	M	I	E	N	T	O
S	O	V	B	P	Í	Y	T	R	T	R	Y	P	R
U	M	O	S	T	R	A	R	P	A	I	T	I	D
C	W	Q	I	O	M	C	X	A	T	D	U	L	E
E	C	L	A	S	T	I	M	A	R	A	P	Ó	R
S	K	P	W	B	Y	U	I	O	C	M	Á	O	I
O	Ó	R	E	U	N	I	Ó	N	B	C	P	O	Y

Nombre: ______________________________ Fecha: ______________

3 Answer the following questions in complete sentences.

1. ¿En qué actividades participas en el colegio?

____

2. ¿Cuándo hay reuniones en tu colegio?

____

3. ¿Qué celebración te gusta mucho?

____

4. ¿Prefieres las películas de misterio o las películas cómicas?

____

5. ¿Hay huracanes o temblores donde tú vives?

____

4 Write five statements summarizing recent news in your school or community.

MODELO: El equipo de básquetbol ganó el sábado y hubo una celebración después del partido.

1. ____

____

2. ____

____

3. ____

____

4. ____

____

5. ____

____

Nombre: ______________________________ Fecha: ______________

Repaso rápido: The present perfect tense and past participles

The *pretérito perfecto* (present perfect tense) is used to discuss things that have happened recently. This compound tense consists of a form of the present tense of the helping verb *haber* and the past participle *(participio)* of a verb.

he	hemos		
has	habéis	+	past participle
ha	han		

The past participle of most *-ar* verbs is formed by replacing the *-ar* of the infinitive with *-ado*. The past participle of most *-er* and *-ir* verbs is formed by replacing the infinitive ending with *-ido*.

hablar → habl**ado** aprender → aprend**ido** pedir → ped**ido**

Place object pronouns before the conjugated form of the verb *haber*. When an expression utilizes the infinitive of *haber*, attach object pronouns directly to the end of the infinitive.

The following verbs have irregular past participles: *abrir, cubrir, decir, escribir, hacer, morir, poner, romper, ver, volver*. Variations of verbs in combination with prefixes or suffixes reflect the same irregularities (i.e., *escribir* → *escrito*; *describir* → *descrito).*

5 Select a word or expression from each column to make six logical statements about what the people indicated have done recently.

yo		tomar un examen
tú		estudiar mucho
mi abuela	haber	ir a clase
mis amigos y yo		comer en un restaurante
Uds.		pedir ayuda
mis amigas		aprender el subjuntivo

1. ____

2. ____

3. ____

4. ____

5. ____

6. ____

Nombre: ______________________________ Fecha: ______________

6 Use the present perfect tense to write six things that you and others have done during this school year.

1. Yo ______________________________.
2. Yo también ______________________________.
3. Mi profesora favorita ______________________________.
4. Mi mejor amiga ______________________________.
5. Mis amigos y ______________________________.
6. Los profesores ______________________________.

7 Write the past participle for each infinitive listed.

1. decir ______________
2. hacer ______________
3. comer ______________
4. volver ______________
5. romper ______________
6. poner ______________
7. mirar ______________
8. escribir ______________
9. ver ______________
10. abrir ______________
11. leer ______________
12. oír ______________
13. reír ______________
14. traer ______________

Nombre: ____________________ Fecha: __________

8 Form complete sentences in the present perfect tense using the information provided.

1. nosotros / leer la noticia

____

2. tú / escribir un e-mail

____

3. Ud. / ver una película

____

4. yo / hacer la tarea

____

5. mi hermano / poner la mesa

____

6. mis amigos / traer música a la fiesta

____

9 Answer the following questions in complete sentences.

1. ¿Qué canal miras con frecuencia?

____

2. ¿Quiénes son tus cantantes favoritos?

____

3. ¿Qué programa de concurso miras?

____

4. ¿Qué premios dan en ese programa?

____

5. ¿Te gustaría ser periodista? ¿Por qué?

____

Nombre: ______________________________ Fecha: ______________

10 Answer each question in a complete sentence.

1. ¿Prefieres los programas nacionales o los extranjeros?

   ____

2. ¿Cuál es una noticia importante en estos días?

   ____

3. ¿Quién es tu actor o actriz favorito(a)? ¿Por qué?

   ____

4. ¿En qué clase o actividad has tenido éxito?

   ____

5. ¿Qué anuncio comercial te gusta o te molesta?

   ____

6. ¿Tienes el autógrafo de un personaje famoso? ¿De quién?

   ____

Nombre: ______________________ Fecha: ______________

Repaso rápido: The present perfect tense of reflexive verbs

When you use a reflexive verb in the present perfect tense, the reflexive pronoun either precedes a conjugated form of the verb *haber*, or it follows and is attached to the infinitive *haber*.

Ella se ha levantado muy tarde.
Ella siente no haberse despertado antes.

11 Answer the following questions about things that happened earlier today.

1. ¿Quién se ha levantado primero en tu familia?

____

2. ¿A qué hora te has despertado?

____

3. ¿Te has duchado o te has bañado por la mañana?

____

4. ¿Qué ropa te has puesto?

____

5. ¿Quiénes se han afeitado o se han maquillado en tu familia?

____

6. ¿Te has puesto perfume o colonia?

____

7. ¿Quiénes se han afeitado o se han maquillado en tu familia?

____

8. ¿Cuántas veces te has cepillado los dientes?

____

Nombre: ______________________ Fecha: ____________

Repaso rápido: Participles as adjectives

A past participle may be used as an adjective after a verb (such as *ser* or *estar*) or as a noun. When a past participle acts as an adjective, it must agree in gender and number with the noun it modifies.

Patricia está aburrida en la reunión.
Las tiendas están abiertas.
Hay comida preparada para la cena.

12 Make an adjective from the verbs in the box that logically completes the following sentences.

romper	preparar	divertir
aburrir	cerrar	poner

1. Son las nueve de la noche. El banco está ______________________.
2. El vaso está en el piso. Me parece que está ______________________.
3. Ayer fuimos a una fiesta muy ______________________ que nos gustó mucho.
4. Nosotros estamos ______________________ para el examen.
5. Julio dice que la clase es ______________________ pero yo no estoy de acuerdo porque me gusta mucho.
6. La mesa ya está ______________________ para la cena.

Nombre: ______________________ Fecha: ______________

Lección B

1 Complete the crossword puzzle with words corresponding to a newspaper.

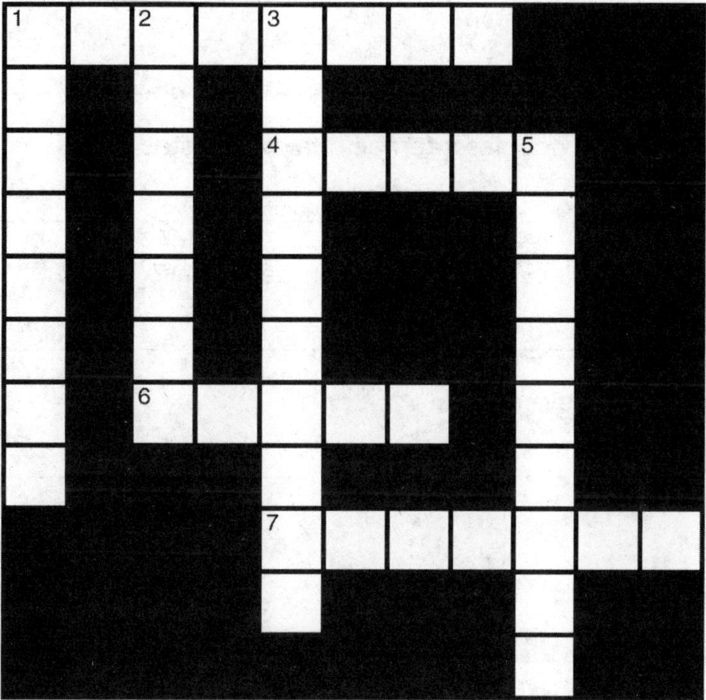

Horizontales

1. opinión de un grupo de personas
4. resumen visual de una información
6. publicidad escrita
7. está en letras grandes

Verticales

1. sección que tiene relación con el dinero
2. sección que incluye el arte y la música
3. conversación formal de preguntas y respuestas
5. están en todas partes en el periódico y los escriben los periodistas

Nombre: ______________________ Fecha: ____________

2 Answer each question in a complete sentence.

1. ¿Qué secciones del periódico lees?

____

2. ¿Qué tipos de artículos te gustan?

____

3. ¿Qué países están en las noticias internacionales en estos días?

____

4. ¿Prefieres la sección de deportes o la sección del hogar?

____

5. ¿A quién te gustaría entrevistar?

____

Nombre: ______________________ Fecha: ____________

Repaso rápido: The past perfect tense

The past perfect *(el pluscuamperfecto)* is used to describe something that happened before another past action. It is formed by using the imperfect tense of *haber* and a past participle.

Yo había comido cuando me invitaron al restaurante.	**I had eaten** when they invited me to the restaurant.
Luis había estado en Paraguay antes de ir a Colombia.	**Luis had been** in Paraguay before going to Colombia.

Object and reflexive pronouns come before conjugated forms of the verb haber in the past perfect tense but follow an infinitive.

Nos habíamos puesto ropa elegante para la fiesta.
Ellos llegaron a la fiesta sin haberse vestido correctamente.

3 Use the past perfect tense to write eight statements about what you and other family members had done before leaving your home this morning.

MODELO: Yo me había bañado antes de salir de casa.

1. ______________________
2. ______________________
3. ______________________
4. ______________________
5. ______________________
6. ______________________
7. ______________________
8. ______________________

Nombre: ______________________________ Fecha: ______________

4 Use the past perfect tense to write six statements about what you and/or other family members had done before the age of ten.

MODELO: Mi hermana había participado en un concurso.

1. ______________________________
2. ______________________________
3. ______________________________
4. ______________________________
5. ______________________________
6. ______________________________

5 Rewrite the following sentences. As you do so use the following prefixes: *super-*, *re-*, *requete-*, *archi-*, *in-* or *des-*.

MODELO: Aquel restaurante es *muy bueno*.
Aquel restaurante es requetebueno.

1. Este partido es *muy interesante*.

____

2. Ese jugador es *muy rápido*.

____

3. En la televisión hay unos programas *muy malos*.

____

4. Ese comentarista es una persona *de poca cultura*.

____

5. Paco no es una persona *culta*.

____

Nombre: ______________________________ Fecha: ______________

6 Write logical sentences that include each of the words provided.

1. camiseta / número

 ____

2. marcador / partido

 ____

3. escuchar / emisora

 ____

4. aficionados / fútbol

 ____

5. comentarista / micrófono

 ____

7 Match the words in the left column with their definitions in the right column.

1. _____ la pelota	A. el partido más importante
2. _____ el árbitro	B. un jugador que puede usar las manos
3. _____ el portero	C. se usa para jugar muchos deportes
4. _____ empatar	D. mira el partido en el estadio
5. _____ el campeonato	E. lleva una camiseta negra y blanca
6. _____ el espectador	F. el marcador es dos a dos

Nombre: ______________________ Fecha: ____________

Repaso rápido: The passive voice

You have learned to combine the word *se* with the *él/ella/Ud.* or the *ellos/ellas/Uds.* forms of a verb to form the passive voice. The subject may precede or follow the verb. When the subject is singular, the verb is singular, and when the subject is plural, the verb is plural.

Se habla español en clase.	Spanish is spoken in class.
Se venden libros en aquella tienda.	Books are sold at that store.

8 Change the following statements to the passive voice with *se* to explain what happens before and during a soccer game.

MODELO: Anuncian el partido.
Se anuncia el partido.

1. Venden los boletos.

   ____

2. Abren el estadio.

   ____

3. Compran los programas.

   ____

4. Escuchan la emisora.

   ____

5. Celebran el gol.

   ____

6. Hablan español.

   ____

Nombre: ______________________ Fecha: ______________

Repaso rápido: More on the passive voice

In the passive voice, the subject is not the doer of an action but instead receives an action. The following examples of the passive voice contain a form of the verb *ser* and a past participle, which agrees with the subject in gender and number. The passive voice is often followed by the word *por* and the person by whom the action was performed.

Los artículos fueron escritos por una periodista muy buena.
El gol fue marcado por mi jugador favorito.

9 Change the following sentences from the active to the passive voice.

MODELO: Leonidas marcó el gol.
El gol fue marcado por Leonidas.

1. Los equipos anunciaron el partido.

 ____

2. Los aficionados compraron los boletos.

 ____

3. El jugador nuevo marcó el primer gol.

 ____

4. Los comentaristas explicaron el partido.

 ____

5. Los periodistas escribieron artículos acerca del partido.

 ____

6. El aficionado compró el periódico.

 ____

Nombre: ______________________________ Fecha: ______________

10 Write six sentences in the passive voice to say what was done recently around your home.

MODELO: El césped fue cortado por mi hermano.

1. ______________________________
2. ______________________________
3. ______________________________
4. ______________________________
5. ______________________________
6. ______________________________

11 Read the following fragment of an article from a newspaper in Paraguay. Then answer the questions in complete sentences.

Anoche en Asunción los espectadores de fútbol disfrutaron un tremendo partido entre dos selecciones nacionales que terminó Paraguay 1 – Argentina 1. El primer gol fue marcado por el delantero argentino Messi en el minuto 38. Habían pasado 30 minutos cuando el mediocampista paraguayo Miguel Almirón metió un gol con un gran tiro libre que provocó gritos de alegría entre los aficionados.

1. ¿En qué sección del periódico está el artículo?

____

____

2. ¿Dónde se jugó el partido?

____

____

3. ¿Quién marcó el primer gol?

____

____

4. ¿Cuántos minutos pasaron entre el primer gol y el segundo gol?

____

____

5. ¿Cómo reaccionaron los aficionados cuando Miguel Almirón marcó un gol?

____

____

6. ¿Cuál fue el marcador del partido?

____

Nombre: ____________________ Fecha: ____________

Unidad 8

Lección A

1 Answer the following questions in complete sentences.

1. ¿Adónde irás en las próximas vacaciones?

   ____

2. ¿Cuánto cuesta un pasaje de Estados Unidos a España?

   ____

3. ¿Qué comida te gustaría saborear en España?

   ____

4. ¿Te gustaría ver una corrida de toros?

   ____

5. ¿Qué pones en tu maleta antes de hacer un viaje?

   ____

6. En una agencia de viajes se venden pasajes de avión. ¿Qué más puedes conseguir allí?

   ____

7. ¿Sueñas con ir a España algún día?

   ____

8. Cuando viajas, ¿quién paga los gastos del viaje?

   ____

Nombre: ______________________ Fecha: ______________

2 Find eight words presented in *Vocabulario A1*.

C	V	B	I	L	L	E	T	E	S
O	P	U	R	E	Y	W	P	O	I
N	R	E	I	N	A	C	M	U	A
A	Í	J	N	X	Ó	W	Q	S	K
C	N	T	F	G	A	S	T	O	S
E	C	Z	Í	G	H	V	B	Ñ	O
R	I	A	G	E	N	C	I	A	V
J	P	Á	E	X	P	Y	T	R	U
Q	E	H	M	S	Ú	L	Z	V	Ó

3 Answer the following questions in complete sentences.

1. ¿Qué país tiene rey o reina?

   ____

2. ¿Qué gastos tienes en una semana típica?

   ____

3. ¿Qué gastos tienes cuando vas de viaje?

   ____

4. ¿Dónde naciste?

   ____

5. ¿Dónde nacieron tus padres?

   ____

6. ¿Sueñas mucho o poco por la noche?

   ____

Nombre: ______________________________ Fecha: ______________

7 Answer the following questions about life ten years from now.

1. ¿Dónde vivirás?

   ____

2. ¿Dónde vivirán tus amigos?

   ____

3. ¿Qué lenguas hablarás?

   ____

4. ¿Qué países conocerás?

   ____

8 Create statements that show probability in relation to the following sentences.

MODELO: Juan está en la playa.
Estará con sus amigos.

1. Teresa está en España.

   ____

2. Susana está en una agencia de viajes.

   ____

3. Marcos y Rosa estudian mucho.

   ____

4. Felipe no está en clase hoy.

   ____

5. Tú estás comiendo una paella.

   ____

6. Carolina lleva ropa formal.

   ____

Nombre: ______________________ Fecha: __________

9 Answer the following questions in complete sentences.

1. ¿Cuál es tu nombre completo?

   ____

2. ¿Cuál será el destino de tu próximo viaje?

   ____

3. ¿Cambiarás de casa en el futuro? ¿Dónde te gustaría vivir?

   ____

4. ¿Es mejor pagar con cheque o a crédito? ¿Por qué?

   ____

5. ¿Es mejor comprar un billete de ida y vuelta o solo de ida? ¿Por qué?

   ____

10 Imagine that you will be traveling to Spain next summer. Make a list of documents and travel-related items you will need for your trip.

1. ______________________
2. ______________________
3. ______________________
4. ______________________
5. ______________________
6. ______________________
7. ______________________
8. ______________________

Nombre: ______________________________ Fecha: ______________

Repaso rápido: The future tense, irregular forms

Certain verbs have irregular stems in the future tense but use the same endings as for regular verbs. Such verbs include *caber, poder, querer, saber, poner, salir, tener, venir, decir* and *hacer.*

11 Form complete sentences in the future tense with the information provided.

1. tú / tener vacaciones pronto

   ____

2. nosotros / salir en dos semanas

   ____

3. Uds. / hacer las maletas antes de viajar

   ____

4. Ud. / poner la ropa en la maleta

   ____

5. yo / decir mis planes a mis amigos

   ____

6. mi amiga / poder ir también

   ____

7. tú / venir a mi casa a pasar las vacaciones

   ____

8. toda la ropa / no caber en la maleta pequeña

   ____

Nombre: ______________________________ Fecha: ______________

12 Answer the following questions about an upcoming trip.

1. ¿Adónde irás?

____

2. ¿Cuándo saldrás de tu ciudad?

____

3. ¿Qué harás durante el viaje?

____

4. ¿Qué ropa te pondrás?

____

5. ¿Cuántas maletas tendrás?

____

13 Now it is time to plan your dream trip to Spain. Before answering the questions, it may be helpful to review the cultural information about Spanish traditions and festivals found in this unit.

1. ¿Por qué sueñas con ir a España?

____

2. ¿Cuánto tiempo pasarás en España?

____

3. ¿En qué festival o tradición participarás?

____

4. ¿Cómo pagarás los gastos del viaje?

____

5. ¿Qué comidas vas a saborear?

____

Nombre: ______________________ Fecha: ____________

Lección B

1 Complete the crossword puzzle with words corresponding to an airport.

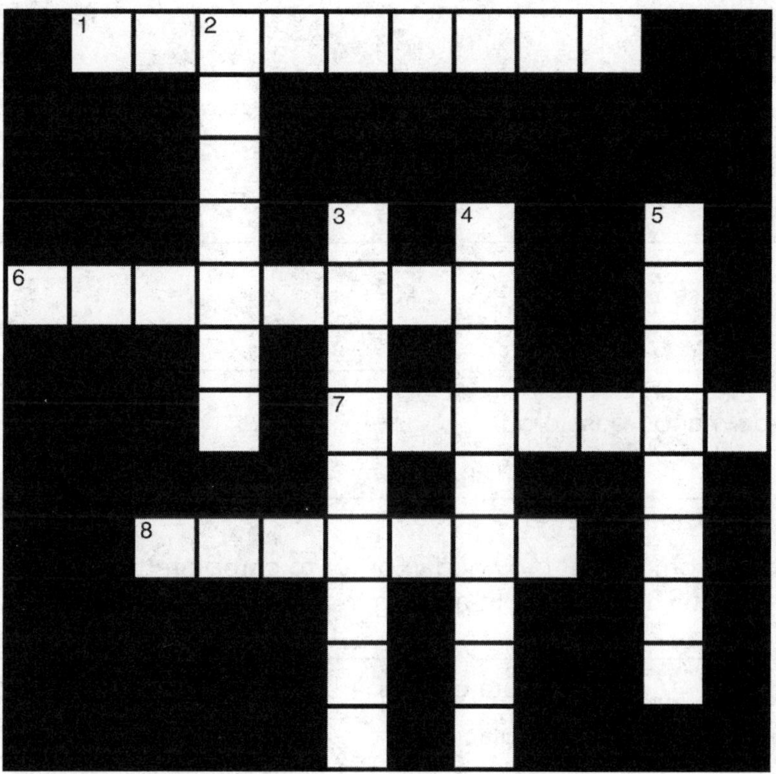

Horizontales

1. donde se registran las maletas
6. maletas
7. entrar en el avión
8. una maleta pequeña

Verticales

2. una parte del avión
3. las personas que viajan
4. Iberia es un ejemplo
5. puerta por donde tienen que pasar los pasajeros para entrar al avión

Nombre: ______________________________ Fecha: ______________

2 Write logical sentences that include both of the words provided.

1. auxiliar de vuelo / comida

   ____

2. piloto / avión

   ____

3. vuelo / escalas

   ____

4. equipaje / registrar

   ____

5. equipaje de mano / pasajero

   ____

3 Choose words from the list provided in order to complete the following paragraph about Clara's initial travel prior to arriving in Spain.

pasaporte	tarjeta de embarque	aterrizar
billete	tripulación	aeropuerto
asiento	equipaje	control de seguridad

Clara acaba de comprar un (1) ____________________ de avión y está lista para viajar. Va al (2) ____________________ y presenta el billete con su (3) ____________________ en el mostrador. Ella necesita su (4) ____________________ en el mostrador y también en el (5) ____________________ porque va a hacer un viaje internacional. Para subir al avión presenta la (6) ____________________ y luego busca su (7) ____________________. Durante el vuelo ella descansa, pero la (8) ____________________ trabaja. Después de ocho horas la piloto anuncia que el avión va a (9) ____________________ en Madrid. ¡Qué emoción!

Nombre: ______________________ Fecha: ____________

Repaso rápido: The twenty-four-hour clock

As you travel, you will sometimes encounter schedules for trains, planes, ships, movies and television programs that are written using a twenty-four-hour clock. You can learn to use this system quite easily by substracting twelve hours from any time past 12:00. What may at first seem unrecognizable or difficult to understand, the twenty-four-hour clock is quite simple and can be helpful in determining if an event occurs during the daytime or at night. Compare the following times as they would be stated using a twenty-four-hour clock:

4:15	*Son las cuatro y cuarto de la mañana.*
16:15	*Son las cuatro y cuarto de la tarde.* (16:15 – 12:00 = 4:15)
20:45	*Son las nueve menos cuarto de la noche.* (20:45 – 12:00 = 8:45)

4 The following airline departure times are written using a twenty-four hour clock. Write the same times using a twelve-hour clock.

MODELO: 15:45 El avión sale a las cuatro menos cuarto de la tarde.

1. 13:00 ______________________
2. 14:20 ______________________
3. 16:50 ______________________
4. 18:30 ______________________
5. 20:40 ______________________
6. 22:15 ______________________

Nombre: ______________________________ Fecha: ______________

Repaso rápido: The conditional tense

The conditional tense *(el condicional)* is used to tell what would happen or what someone would do under certain conditions. To form the conditional tense with most verbs, add the endings *-ía, -ías, -ía, -íamos, -íais, -ían* to an infinitive.

Me gustaría viajar a España.	I would like to travel to Spain.
Iríamos en avión y después tomaríamos el tren.	We would go by plane and then we would take the train.

5 Use items from each column to say what different people said they would do. Be sure to use the conditional tense.

yo dije		ir al supermercado
tú dijiste		sacar la basura
mi hermana dijo		preparar la cena
Ud. dijo	que	limpiar la casa
nosotros dijimos		escribir una carta
mis amigos dijeron		buscar la maleta
Uds. dijeron		llamar por teléfono

1. ______________________________
2. ______________________________
3. ______________________________
4. ______________________________
5. ______________________________
6. ______________________________
7. ______________________________

Nombre: ______________________________ Fecha: ______________

6 Using the conditional tense, tell what different people would do in each of the following situations.

MODELO: Yo perdí mi vuelo a Madrid.
Pediría ayuda en el mostrador.

1. Yo olvidé mi maletín en casa.

   ____

2. Nosotros necesitamos pasaportes nuevos.

   ____

3. Tú quieres visitar España.

   ____

4. Martín necesita una maleta más grande.

   ____

5. Mis amigas conocieron a una chica española en el aeropuerto.

   ____

7 Match the words in the left column with the definitions in the right column.

1. _____ hotel	A. lleva maletas en un hotel
2. _____ firmar	B. donde nos alojamos en Madrid
3. _____ sencilla	C. los hispanos tienen dos en el pasaporte
4. _____ botones	D. para una persona
5. _____ apellidos	E. poner el nombre de una persona
6. _____ recepcionista	F. habla con los viajeros que llegan al hotel

Nombre: ______________________________ Fecha: ______________

8 Answer the following questions in complete sentences.

1. ¿Te gusta alojarte en hoteles elegantes o informales?

   ____

2. ¿Conoces algún parador nacional?

   ____

3. ¿Tienes una cama sencilla o doble en tu casa?

   ____

4. ¿Cuántas habitaciones tiene tu casa?

   ____

5. ¿Cuándo o dónde hay mucho ruido en tu colegio?

   ____

9 The following actions correspond to staying in a hotel. Write a number 1-8 next to each statement to indicate the most logical sequence of events.

_____ Subimos en el ascensor a la habitación doble.

_____ Pagamos y decimos adiós al recepcionista.

_____ Por la noche dormimos muy bien en una habitación sin ruido.

_____ El botones llega a la habitación con nuestro equipaje.

_____ Hacemos una reservación.

_____ Saludamos a la recepcionista y firmamos un papel.

_____ Llegamos a la recepción del hotel.

_____ Después de recibir nuestras maletas, llamamos al servicio de habitaciones.

Nombre: ______________________________ Fecha: ______________

Repaso rápido: The conditional tense of irregular verbs

Verbs that are irregular in the future tense will have the same irregular stems in the conditional tense and then be followed by the conditional endings: *-ía, -ías, -ía, -íamos, -íais, -ían*. Such verbs include *caber, poder, querer, saber, poner, salir, tener, venir, decir* and *hacer*.

¿Qué harías tú?	What would you do?
Yo tendría una fiesta para celebrar.	I would have a party to celebrate.

10 Use the conditional tense to tell what different people would do while visiting Madrid.

1. Rosa / ponerse ropa formal

   ____

2. Rosa y Marcos / salir con amigos

   ____

3. yo / hacer una excursión a Segovia

   ____

4. mis amigos / tener una fiesta especial

   ____

5. tú / decir de dónde eres

   ____

Nombre: ______________________________ Fecha: ______________

11 Imagine that you just won a million dollars in a contest. Using the conditional, answer the following questions telling what you would do.

1. ¿Qué dirías a tus amigos?

____

2. ¿Cuánto dinero pondrías en el banco?

____

3. ¿Qué más harías con el dinero?

____

4. ¿Adónde saldrías de viaje?

____

5. ¿A qué causa u organización querrías ayudar?

____

12 Use the conditional tense to explain what you would do in each of the following situations.

1. Si tuviera *(If I had…)* tres semanas de vacaciones para viajar por España, ______________

____

2. Si tuviera poco dinero para mi viaje, ______________________________

____

3. Si tuviera dos días para visitar Valencia, ______________________________

____

4. Si tuviera una amiga en las Islas Canarias, ______________________________

____

5. Si tuviera la oportunidad de estudiar en Madrid, ______________________________

____

Nombre: ______________________ Fecha: ______________

Unidad 9

Lección A

1 Write complete sentences that include using the words shown.

1. empleo / futuro

   ____

2. estudiar / carrera

   ____

3. empleo / gerente

   ____

4. buscar / empleo

   ____

5. mujer de negocios / empresa

   ____

2 Answer the following questions with a complete sentence.

1. ¿Qué carrera te interesa?

   ____

2. ¿Piensas trabajar después del colegio?

   ____

3. ¿Qué empleo tiene tu padre o madre?

   ____

4. ¿Has sido empleado en alguna empresa? ¿En cuál?

   ____

5. ¿Dónde quieres vivir y trabajar en el futuro?

   ____

Nombre: ______________________ Fecha: ______________

3 Complete the crossword puzzle with words corresponding to careers.

Horizontales

3. ella corta el pelo
4. él enseña clases
6. ella arregla coches
7. ella cuida a los animales
8. él conduce un coche

Verticales

1. él hace cosas de madera
2. él trabaja con computadoras
5. ella escribe artículos o libros

Nombre: ______________________________ Fecha: ______________

4 List five professions that you find especially interesting. Then explain why each one is appealing to you.

MODELO: el fotógrafo   Me gusta mucho sacar fotos de otras personas.

1. ____________ ______________________________
2. ____________ ______________________________
3. ____________ ______________________________
4. ____________ ______________________________
5. ____________ ______________________________

5 Interview a relative or family friend to find out about his/her profession. Then summarize what you have learned in a paragraph of at least seven sentences.

Nombre: ______________________________ Fecha: ______________

Repaso rápido: Uses of *haber*

The verb *haber* is used as an impersonal expression in different tenses.

Hay *veinte estudiantes en la clase.*	**There are** twenty students in the class.
Habrá *una fiesta el sábado.*	**There will be** a party on Saturday.

The present tense of *haber* is combined with a past participle to form the present perfect tense *(el pretérito perfecto)*, which is used to tell what has happened. Similarly, the imperfect tense of *haber* combined with a past participle forms the past perfect tense *(el pluscuamperfecto)*, which is used to tell what had happened prior to another event.

Luisa ha decidido *estudiar para ser veterinaria.*	**Luisa has decided** to study to be a veterinarian.
Antes ***ella había pensado*** *ser ingeniera.*	Before **she had thought about** becoming an engineer.

6 Tell what the following people have done recently by forming logical sentences in the present perfect tense using the words provided.

MODELO: la veterinaria / cuidar a los animales
La veterinaria ha cuidado a los animales.

1. la artista / pintar un cuadro

____

2. el fotógrafo / sacar fotos de la ciudad

____

3. el secretario / escribir cartas

____

4. el chofer / conducir mucho

____

5. la agricultora / trabajar muchas horas

____

Nombre: ______________________________ Fecha: ______________

7 Use information from each column to tell what different people had done before beginning their current jobs. Be sure to use the past perfect tense.

yo		ir al colegio
tú		ganar experiencia
mi tío	haber	estudiar mucho
mi hermana		aprender español
nosotros		tener otro empleo
mis amigos		trabajar en una empresa

1. ______________________________
2. ______________________________
3. ______________________________
4. ______________________________
5. ______________________________
6. ______________________________

8 Write complete sentences using the past perfect tense (imperfect tense of *haber* + past participle) to say whether you and others had done the following things before you began high school. As a point of reference, write the year you began high school in the space provided.

Yo empecé el colegio en el año ______________________________

1. yo / estudiar español

____

2. mi familia y yo / vivir en otro estado

____

3. mis mejores amigas / tener un empleo

____

4. mi profesor(a) de español / terminar la universidad

____

5. un pariente / viajar a un país hispanohablante

____

6. yo / decidir qué carrera estudiar en la universidad

____

Nombre: ______________________________ Fecha: ______________

Repaso rápido: Present perfect subjunctive

You already have learned when to use the present tense subjunctive with verbs or expressions of doubt, emotion and influence. To form the subjunctive of the present perfect tense, combine the present subjunctive forms of *haber* *(haya, hayas, haya, hayamos, hayáis, hayan)* with the past participle of a verb.

9 React to the following statements by using the expressions shown. As you do so, choose between using the present perfect or the present perfect subjunctive.

creo que
espero que
es posible que
dudo que
siento que
es bueno que
es verdad que
es triste que

MODELO: Marcos ha conseguido un trabajo.
Es bueno que Marcos haya conseguido un trabajo.

1. Mi prima ha viajado a España.

____

2. Nosotros hemos escogido una carrera.

____

3. Tú has visitado al rey de España.

____

4. Mis abuelos han trabajado muchos años.

____

5. Mi amiga ha aprendido a conducir.

____

6. Ud. ha ganado mucho dinero trabajando en una empresa.

____

Nombre: ______________________________ Fecha: ______________

10 Answer the following questions logically in complete sentences.

1. ¿Cuál es tu sueño?

____

____

2. ¿Cuál es tu mayor aspiración?

____

____

3. ¿Practicas algún deporte acuático? ¿Cuál?

____

____

4. ¿Qué tipo de colección tienes?

____

____

5. ¿Con quién tienes una buena amistad?

____

____

6. ¿Quién de tus amigos tiene una familia unida?

____

____

7. ¿Piensas asistir a la universidad algún día? ¿A cuál?

____

____

Nombre: ______________________________ Fecha: ______________

Repaso rápido: More on the subjunctive

Some words and expressions must be followed by the subjunctive when they suggest doubt, indefiniteness or hope. They include *como, cualquiera, dondequiera, lo que, ojalá (que), quienquiera* and *quizás.*

En la universidad puedes estudiar lo que quieras.	At the university you can study whatever you want.
Ojalá (que) asistan a esta universidad.	I hope they attend this university.

11 Choose from the verbs listed in the box and provide the appropriate subjunctive form to complete each sentence.

querer estar estudiar
preferir ir

1. Ojalá que tú ______________ mucho para el examen.
2. No sé dónde está Manuel. Quizás ______________ en la sala.
3. En el restaurante puedes pedir lo que ______________.
4. Creo que Rosa va a ser buena estudiante dondequiera que ______________.
5. Pueden decorar para la fiesta como Uds. ______________.

Nombre: ______________________________ Fecha: ______________

Lección B

1 Answer each question in a complete sentence.

1. ¿Preferirías visitar Francia o Inglaterra? ¿Por qué?

   ____

2. ¿Prefieres la comida de Francia o la de Italia?

   ____

3. ¿Te interesa más asistir a la Facultad de Economía o la Facultad de Medicina?

   ____

4. ¿Qué río importante pasa por tu estado?

   ____

5. ¿En cuáles tres islas se habla español?

   ____

6. ¿Qué mar(es) y océano(s) ves en un mapa de España?

   ____

Nombre: ______________________________ Fecha: ______________

2 Think of different body language you use when speaking Spanish or English. Then summarize below eight different things you convey through such expressions and gestures.

MODELO: Yo digo que tengo hambre.

1. ______________________________

____

2. ______________________________

____

3. ______________________________

____

4. ______________________________

____

5. ______________________________

____

6. ______________________________

____

7. ______________________________

____

8. ______________________________

____

Nombre: ______________________________ Fecha: ______________

Repaso rápido: The subjunctive

You have learned that the subjunctive mood is required in a variety of circumstances:

- as an indirect/implied command
- after causal verbs when there is a change of subject
- after verbs that express emotion or doubt
- after impersonal expressions that convey doubt, uncertainty or emotion
- after certain expressions that suggest an element of hope, doubt or uncertainty

3 Imagine that Emilia's family is giving her advice as she prepares to leave home for her first year in college. Complete each statement in a logical fashion to summarize what they say.

1. Es importante que los estudiantes ______________________________ .
2. No queremos que tú ______________________________ .
3. Espero que los profesores ______________________________ .
4. Es necesario que ______________________________ .
5. Te aconsejo que ______________________________ .
6. Ojalá que ______________________________ .

4 Imagine that your best friend will spend the summer traveling in Europe. Write five statements offering advice for his/her trip.

MODELO: Te aconsejo que vayas a la playa en Barcelona.

1. ______________________________
2. ______________________________
3. ______________________________
4. ______________________________
5. ______________________________

Nombre: ______________________________ Fecha: ______________

5 Complete the graph that follows with the appropriate regions, countries and adjectives of nationality.

país o región	nacionalidad
1. Europa	______________
2. ______________	africano/a
3. América Central	______________
4. ______________	canadiense
5. Portugal	______________
6. ______________	italiano/a
7. Japón	______________

6 Write the names of countries or regions of the world that you would especially like to visit. Then explain why you are interested in each.

MODELO: Brasil — Me gusta la música brasileña.

1. ______________ ______________________________
2. ______________ ______________________________
3. ______________ ______________________________
4. ______________ ______________________________
5. ______________ ______________________________

Nombre: ______________________________ Fecha: ______________

Repaso rápido: The future tense

You have learned to use the future tense to tell what will happen and to express probability in relation to the present. For most verbs, the future tense endings are placed after the infinitive form *(hablaré, hablarás, hablará, hablaremos, hablaréis, hablarán)*. The following verbs have the same endings but irregular stems: *caber, poder, querer, saber, decir, poner, salir, tener, venir, hacer.*

7 Interview three classmates to find out their summer plans. Then use the future tense to write six statements, summarizing what they will do.

1. ______________________________
2. ______________________________
3. ______________________________
4. ______________________________
5. ______________________________
6. ______________________________

8 Many changes occur as you complete high school and pursue subsequent academic and career plans. Write six predictions, telling what you and other family members and friends will be doing ten years from now.

MODELO: En diez años mi hermana será una escritora.

1. ______________________________
2. ______________________________
3. ______________________________
4. ______________________________
5. ______________________________
6. ______________________________

Nombre: ______________________ Fecha: ______________

Repaso rápido: The conditional tense

Remember to use the conditional tense to say what would happen or what someone would do (under certain conditions). The endings are the same for all verbs.

-ía	**-íamos**
-ías	**-íais**
-ía	**-ían**

Look at the following:

***Me gustaría** ir a Barcelona.*	**I would like** to go to Barcelona.
*¿**Viajarías** allí pronto?*	**Would** you **travel** there soon?

Just like the future tense, the verb helper **haber** (conditional tense stem: **habr**) and the following verbs all have irregular stems:

caber: **cabr**	poder: **podr**	querer: **querr**	saber: **sabr**	decir: **dir**
poner: **pondr**	salir: **saldr**	tener: **tendr**	venir: **vendr**	hacer: **har**

9 Think of different relatives that you did not see last weekend. Use the *condicional de probabilidad* to say what they were probably doing.

MODELO: Mi abuelo cocinaría una cena especial.

1. ______________________
2. ______________________
3. ______________________
4. ______________________
5. ______________________
6. ______________________
7. ______________________
8. ______________________

Nombre: ______________________ Fecha: ____________

Unidad 10

Lección A

1 Answer the following questions in complete sentences.

1. ¿A quiénes les escribes por e-mail?

____

____

2. ¿Tienes amigos en otros países? ¿Dónde viven ellos?

____

____

3. ¿Qué actividades hiciste durante el año escolar?

____

____

4. ¿Cuál fue tu clase favorita?

____

____

5. ¿Quién es tu cantante favorito/a?

____

____

6. ¿Dónde te gustaría estudiar o trabajar en el futuro?

____

____

Nombre: ______________________________ Fecha: ______________

2 We now use many objects on a regular basis that at one time were new inventions. Write logical statements to say for what purposes you use the following items.

MODELO: el teléfono
Uso el teléfono para llamar a mis amigos.

1. la computadora

____

2. el horno de microondas

____

3. el carro

____

4. el televisor

____

5. la calculadora

____

6. el parlante inteligente

____

3 Use information from each column to form logical statements in the present perfect tense.

yo		trabajar mucho
tú		visitar otro país
mi amiga	haber	estudiar español
Ud.		aprender mucho
mis amigos y yo		conocer a nuevos amigos
los profesores		escribir un e-mail

1. ____
2. ____
3. ____
4. ____
5. ____
6. ____

Nombre: ________________________________ Fecha: ______________

4 Every school year has special highlights. Write four statements in the preterite tense to summarize such events.

MODELO: En el otoño participé en el club de arte.
También recibí buenas notas en mis clases.

1. ____________________
2. ____________________
3. ____________________
4. ____________________

5 Use the present perfect tense to state several things that have happened recently.

1. En mi casa ____________________.
2. En mi colegio ____________________.
3. En mi ciudad ____________________.
4. En mi estado ____________________.
5. En mi país ____________________.

6 You have learned a variety of proverbs and sayings. Write three such expressions below and then summarize in Spanish the message they convey.

MODELO: proverbio/dicho: Habla hasta por los codos.
explicación: Es una persona que habla muchísimo.

1. proverbio/dicho: ____________________

   explicación: ____________________

   ____

2. proverbio/dicho: ____________________

   explicación: ____________________

   ____

3. proverbio/dicho: ____________________

   explicación: ____________________

   ____

Nombre: ______________________________ Fecha: ______________

Lección B

1 Answer each question in a complete sentence.

1. ¿Qué carrera te interesa?

____

2. ¿Dónde te gustaría estudiar?

____

3. ¿En qué país extranjero te gustaría estudiar?

____

4. En tu opinión, ¿qué país de habla hispana es especialmente interesante?

____

5. ¿Dónde piensas vivir y trabajar en diez años?

____

2 Students who have studied in another country say that there are many advantages to having such an international experience. Make a list of five possible benefits of study abroad.

1. ______________________________
2. ______________________________
3. ______________________________
4. ______________________________
5. ______________________________

Nombre: ______________________________ Fecha: ______________

3 You have learned about many Spanish-speaking countries. List four of the countries that you find especially interesting and explain why they appeal to you.

	países	**¿Por qué?**
1.	____________	____________
2.	____________	____________
3.	____________	____________
4.	____________	____________

4 Are you considering university studies after your high school graduation? Write a paragraph of at least seven sentences in which you discuss the type of university that interests you and explain why.

Nombre: ______________________ Fecha: __________

5 You have discussed career interests and learned about different career possibilities involving Spanish. For each of the following professions write two characteristics that you think such a person should have.

MODELO: el fotógrafo — Debe ser creativo y paciente.

1. el bombero ______________________
2. la abogada ______________________
3. el secretario ______________________
4. la escritora ______________________
5. el ingeniero ______________________
6. el vendedor ______________________
7. la veterinaria ______________________
8. la programadora ______________________

6 Think of a profession that you would like to have in the future. Then write six statements in the future tense to say what you will do to prepare for such work.

MODELO: Me interesa ser profesora.
Para prepararme yo estudiaré en Estados Unidos y en un país de habla hispana.

Me interesa ser ______________________.
Para prepararme...

1. ______________________
2. ______________________
3. ______________________
4. ______________________
5. ______________________
6. ______________________

